サラリーマン球団社長

Kiyotake Hidetoshi
清武英利

文藝春秋

サラリーマン球団社長

目次

カバー写真　杉山拓也
装幀　永井翔
DTP　エヴリ・シンク

サラリーマン球団社長

プロローグ

「会社の評価など、人生のある時期に、ある組織の、ある人たちによって下されたものに過ぎない」というのが、わが知人が辿り着いたサラリーマン人生の結論である。だが、ある人たちの一時的な評価によって、異動や出向を命じられたり、転職を迫られたりするのも、サラリーマンの宿命ではある。会社における人事異動の大半は、本人にとって不本意なものだ、という説を唱える人もいる。

それにしても、行かざるを得ないその先が、期待外れどころか、異次元の世界であったらどうだろう。

ここに、野球界に転身した二人のサラリーマンがいる。一人は、阪神電気鉄道株式会社（阪神電鉄）の旅行マンから、子会社の「阪神タイガース」に出向を命じられ、もう一人は、東洋工業株式会社（現・マツダ）の幹部候補生だったのに辞表を提出し、「広島東洋カープ」に身を投じた。東洋工業を去った創業者一族に求められて、サラリーマン人生を預けたのである。

野球界は企業社会と同様に人間の協業の世界なので、門外漢のサラリーマンが奮闘努力するだけで事が成就するわけではない。そのタイガースは日本初のベースボール・オペレーション・システム（ＢＯＳ）を構築するところまで行きながら、この元旅行マンがいなくなると雲散霧消してしまったし、もう一人が人生を捧げたカープはリーグ優勝をするまでに四半世紀も要してしまった。あとになって、築き上げたものだけを数えると、彼らのサラリーマン人生は実に空しいものに見えるのである。

ただし、彼らは組織のなかで働きながら、二つのことを証明した。

一つは、どん底の会社や組織をひっくり返すような改革は、主流の人々よりも異端者や、冒険心に溢れた傍流の者によって成し遂げられることが多いということである。本社や上司にこびない意地を備えているからだろう。

そして、彼らが示したもう一つは、たとえ素人であっても、頑固な情熱があれば理想球団の夢が描けるということだ。

妻は励ました。
「もともとがダメ虎やから、
これ以上悪くならへんよ」

第一章

傍流者の出向

1

午後四時過ぎ、夕食の支度にかかろうかというときに電話が鳴って、野崎艶子《つやこ》は台所の受話器を上げた。夫の勝義からだ。会社から自宅に電話してくることはめったにないことなので、いぶかしんでいると、

「タイガースに行くことになったよ」

と受話器の向こうから落胆の声が漏れた。出向を告げられたというのである。

阪神電鉄本社の人事担当専務、寺島正博から呼ばれ、

「来月から、タイガースの常務取締役として働いてもらおうと思ってね」

と申し渡されたのである。阪神淡路大震災の翌年にあたる一九九六年六月十八日、火曜日のことだった。

ええっ、という驚きが去ると、艶子は思わず漏らしてしまった。

「そら、大変やね」

野の向日葵《ひまわり》のように、艶子は陽性である。小さめの口はたいてい柔らかく笑っている。兵庫県加古川市の兼業農家に生まれ、百六十二センチの均整のとれた上体と素朴な明るさを身につけていた。学生時代はバレーボールの選手だ。いまも車を運転して夫をあちこちに送って行ったりして、いつも体を動かしている。

「おまえは田舎の健康優良児やなあ」

夫はよくからかうのだ。三人きょうだいで、家を継いだ兄は熱烈な巨人党、弟はタイガースファンである。艶子は兄の影響を受け、テレビ放映の多かった巨人びいきだった。

一方の野崎は背を少し丸めて歩く癖があり、百六十八センチの背丈より小さく映る。長いサラリーマン生活が自然に頭を低くさせるのだが、見栄を張るのを嫌う気性も加わって、年齢より老けて見られることが多い。

——あれま、お父さんはタイガースの人にならはるわ。上司に睨まれていたせいやろか。

艶子は心配が先に立った。タイガースは低迷が続いているのだ。

プロ野球は二つのリーグで各六チームがペナントレースを競うから、リーグ優勝の確率は六分の一なのだが、タイガースはセントラル・リーグで十年間も優勝から遠ざかっている。資金力はあるのにBクラスの常連なのである。球界七不思議のひとつだった。

タイガースは、兵庫県西宮市の阪神甲子園球場を本拠地としている。前年の一九九五年シーズンは、近畿圏が阪神淡路大震災でマグニチュード七・三の直撃を受けた直後だったから、「いまこそわれらのタイガースが関西復興のシンボルとして奮い立て」と全国のファンがこぞって訴えた。ところが、監督の中村勝広に率いられたチームは、なんと四十六勝八十四敗の最下位で、優勝した東京のヤクルトスワローズには三十六ゲーム差をつけられてしまった。

千葉ロッテマリーンズの監督だったボビー・バレンタインは、連敗で最下位に転落したとき、

群がる記者に向かって、

「もし明日がシーズンの最終日なら悪い知らせだが、今のところは順位など関係ないよ。シーズンが終わるころには半分は勝っている。それがプロの野球というものなんだ」

とやり込めたのだが、一九九五年の阪神は勝率五割どころか、わずか三割五分四厘だから、惨敗の上に大を付けても差し支えない。

この年、パシフィック・リーグで優勝したのは、同じ兵庫県を本拠地とするオリックスであったから、うちのタイガースは情けないわ、というファンの思いは募るばかりだ。あちらは監督の仰木彬《おおぎあきら》がイチローたちを率いて、「がんばろうKOBE」を合言葉に頑張り抜いた。こちらのタイガースは、そもそも五割も勝てないシーズンが三年も続いている。さすがに翌九六年は、藤田平《たいら》に監督をすげ替えて浮上を期したが、やはり最下位まっしぐら、不名誉な四年連続Bクラスはまず動かないというところである。

「お父さんは野球、大丈夫なん?」

艶子に問われた野崎は、球団出向など冗談やない、と思っていた。興行の世界がうさん臭く思えていたのである。

――新聞で知る限り、いまの球団の内部はよほどただれてるんやろう。いいイメージを持てという方が無理や。

旧満州から引き揚げた父親の耕《たがやす》が戦後、阪急電鉄の事業部阪急西宮球場に社員として採用されていた。それで阪急ブレーブスには好感を持っていたが、それも兵庫県西宮市にあった西宮球場に数回観戦に行った程度である。野球が好きな艶子と違って、子供のころに道端で三角ベースの野球をして遊んでいた記憶があるくらいで、野球にも球団にも関心がなかった。

しかも、出向を告げられたいまは、野球シーズンの真っ最中である。阪神電鉄の株主総会は六月に開催されるので、本社の立場からすると、七月一日付の球団人事も不思議はないように見えるが、球界の常識から言えばこれはシーズンオフの年末に行うべきものだった。

実は、野崎の出向は球団の更迭人事に伴うものだったのである。彼の同期で、社長に次ぐ球団ナンバー2だった常務球団代表の沢田邦昭を、阪神電鉄本社の関連事業室部長に左遷するのだ。

沢田は磊落な性格で、しばしば新聞記者にも本音を漏らし、電鉄からは放言僻があると見られていた。対する球団社長の三好一彦は「沈着、冷静、忍耐」を重んじていたから、折り合いが悪かった。

少し後でわかることだが、この人事は従来、球団代表が担当していた連盟担当、チーム運営、編成の権限を、三人の新任取締役に分割する変則的なものだった。野崎はその三人の一人で、主に営業と総務を担当し、加えてプロ野球協約で定められた「球団を代表する理事」に指名された。そのために日本野球機構や十二球団の実行委員会との折衝、試合ルールに関する会合は彼に任されることになった。球界ではこれを「連盟担当」と呼んでいる。

残る二人には選手出身者を充てて、一人がチームを運営する取締役球団本部長に、もう一人が取締役編成部長に就くのだという。ただし、野崎は連盟担当の球団代表者となったために、ホームゲームを主催する「試合管理人」となって、試合を見守り、ゲームのトラブルにも対応しなければならない。

「僕は野球の素人ですから」とは口が裂けても言えない立場に立たされるのである。

野崎は、阪神電気鉄道航空営業本部旅行部——通称阪神航空の旅行部長である。神戸市外国語大学を卒業し、一九六五（昭和四十）年に電鉄に入社して以来、三十一年間、一度も転部することなく航空営業一筋に歩んできた。

商戦の相手は、ＪＴＢや日本旅行、近畿日本ツーリストといった大手旅行代理店である。阪神航空の部員数は二百人。一万人のＪＴＢなどに比べると弱小というしかなく、野崎は赤字の可能性がある大規模な海外ツアーや航空機チャーター便をあえて引き受け、リスクを取って業績を伸ばして来た。アフリカや中近東など査証手続きの難しい国への出張を手配する業務渡航や、中央省庁や大企業の海外業務旅行に傾注したり、スペイン、イタリアなどに行先を絞ったツアーに活路を見出したりしたのも、彼とその部下のアイデアである。

——そんな旅行マンの自分がなぜ、タイガースなのか？

悄然とした野崎に対し、電話口の艶子は屈託がない。心がいつまでも沈む質《たち》ではないのである。

「タイガースはぶっちぎりで弱いもんね。でも、もともとがダメ虎いうて成績の悪い球団やから、これ以上悪くならへんよ。一つでも上がればいいやない」

彼女の眼に、タイガースはセ・リーグ最下位どころか、パ・リーグを加えた十二球団で見ても実力はどん尻に映っている。そんなチームに加わって、大丈夫やろか、と思ってはいたが、一方ではこうも考えることができた。

――それはもう落ちるところはあらへん、ということや。

話しているうちに、艶子の口調は慰めるようなものになっていた。

「それに、お父さんも単身赴任が長かったから、こっちに帰ってくる方がええわ。ようやっと、単身生活が終わるしなあ」

野崎は阪神航空で海外添乗員までこなした後、十年前から東京に単身赴任し、いまも週のうち四日は東京、三日は大阪という日々を送っている。酒は飲まず、仕事以外で遅く帰ることはない。賭け事や女遊びをするわけでもなし、硬骨の真面目一辺倒は好ましいことではあるのだが、艶子から見れば、魂の大半は仕事に向かい、残るわずかな関心も、少し離れたところに住む母親に向いている。野崎の母親は体が弱いのである。たまの日曜日もその介護や面倒見に出かけ、艶子が何か口をはさむと、

「嫁は取っ替えられても、親は替えられへんしなあ」

しゃあしゃあと言い返したりする。

二人の子供を育てあげた艶子は、うちは母子家庭みたいや、とあきらめかけていたところで、夫の渋々の球団出向も単身赴任や出張続きの生活からようやく脱することにつながる、家に落ち着いてくれるかもしれない、と考えることができた。

野崎は五十四歳になるが、彼の場合は、ここまで電鉄本社ビルで仕事をしたことがなく、旅行一筋、リスクを取り、時にはクビを覚悟で稼ぎ続けてきたのだから、社長室とまではいかなくても、そろそろ電鉄本社でマネジメントの勉強をしてみたい、という気持ちがある。大卒社員は必ず一度は社長室周辺のルートを通るのである。

それもあって、野崎はタイガース出向を言い渡した専務の寺島に向かって、

「冗談でしょう。これは人選が間違っています。私に野球の世界は無理です」

そう抗ったのだ。が、上役は「そう言わず、頼む」と苦笑いで抵抗を封じた。

「三好社長も、君を望んでおられる。社長に協力をしてあげてください。ただ、難しいところですから、マスコミとの付き合いにはくれぐれも気を付けて」

——これは大変なことになった。

全国的にみると、社員約八十人の阪神球団は阪神電鉄よりもずっと有名で、阪神電鉄グループの中で格も高い。野崎が東京で外務省や文部省（現・文科省）などを回ると、「阪神電鉄といえば、阪神球団の子会社ですか」と尋ねられたものだ。だが、阪神球団の役員は電鉄本社の主事一級、つまり部長級なのだった。ちなみに主事二級は課長級、主事三級は係長級である。

——球団の社長といっても、電鉄本社の役員を辞めた人か部長クラスや。普通にしてたら「タイガースの社長さん」と言ってくれて、本社に忖度している限り、居心地がええ。チームが負け続けても、球団は儲かっていて、何年も社長を務められるから、進退を賭ける必要なんかない。下手に改革の旗を掲げたりすると、人を辞めさせたりせなあかんし、下から反発を受けるわ、電鉄本社から嫌われたりするわ、大変なことになる。じっとしとけば、部下もしんどくなくて、仲良くできて、上の言うこともハイハイ聞くようになる。

野崎の顔つきが曇るのは他にも理由がある。阪神電鉄本社は「ケチ虎」と言われる渋ちんである。給料も高くない。球団社長にしても、ライバル・読売巨人軍社長の三分の一程度だと言われている。それなのに、巨人や東京に反立して創設された伝統の人気球団だから、ペナントレースで負け始めたり、もめごとがあったりすると、関西のスポーツ紙や雑誌から猛烈な批判を浴びる。

監督や選手はスポーツ記者たちのネタ元だから、叩き具合にも手加減があり、優勝でもすればたちまち「神様」「仏様」に昇格するのだが、ひとからげに「フロント（front office）」と呼ばれる球団役員たちに関しては書き放題、〈またも、お家騒動〉〈相次ぐ更迭〉などと書き立てて、大変な騒ぎようである。

それでも、何とか本社に戻ったり、めでたく電鉄本社の役員兼務に就いたりした者もまれにいるが、叩かれて傷つき、辞任に追い込まれる者が少なくない。

解任される沢田にしても五年半前に、電鉄本社運輸部長から球団代表に転じてきたときは、新聞に「京大大学院出身のエリート」とか、「再建の切り札」とか持ち上げられたのに、今は外国人補強やトレードの失敗をあげつらわれ、低迷の責任を一身に背負わされている。

実に損な役回りなのだった。

一九八八年のことだ。タイガースの球団代表に就いたばかりの古谷真吾は、電鉄本社と選手の板挟みにあって、出張先のホテルから飛び降り自殺をしている。当時、四番打者だったランディ・バースの家族が難病に見舞われた。野崎が聞いた話では、バースとの契約では家族の病気治療費は球団が負担することになっていたという。だが、難病治療費は高額で、その支払いをめぐって渡米したものの、球団が払うか否か、バース側と折り合いがつかず、電鉄本社ともめにもめた。結局、帰国して九日後に自死を遂げている。

野崎は真摯な古谷を敬愛していて、通勤の駅でよく挨拶を交わしていた。真面目に生きたとしても、球団役員に就くリスクは極めて高いのである。

電鉄グループで出世する社員たちは、人事や総務といった管理部門へ進む。本社採用者で、進んでタイガースの役員になろうという者はまず現れない。電鉄本社では、「何もしないのが会社の政策」と皮肉られた時期があり、野崎の記憶では、ライバル他社が積極投資しているのを横目に、外から持ち込まれたプロジェクトも、そのリスクを挙げて時期尚早という結論を導きだすことが多かった。

そんな企業風土の下で、本社の背広組が球団経営に加わるということは、結局、貧乏くじなのである。ここらあたりのサラリーマン感覚は、「あないな、だらしないフロントの代わりに、わいが役員になったるがな」という熱狂的なトラキチの雄叫びとは、大いに異なっている。

唯一の慰めは艶子が、

「会社が決めたことだから仕方ないよ」

とあっさり割り切っていることである。野崎はなんだか救われる気がしていた。

艶子は乗り物が大好きで、高校を卒業した後、迷わずに阪神電鉄に入社している。今でいえば「鉄子」、あるいは「乗り物女子」というところだ。運輸部を経て航空営業本部に転属してきたところを野崎と知り合って、結婚している。彼は学生時代に先輩から「君のように女性と付き合ったことのない男は会社に入ったら、職場結婚するよ」と言われており、その通りの経過をたどった。

職場結婚だから、彼女は電鉄の内情にも詳しかった。担当役員が大阪ワールドトレードセンターに営業所を新設しようとしていたのだが、野崎は、

「営業所を作るなら、横浜や渋谷のような首都圏に出すべきです」

と強く異を唱えて、構想を白紙に追い込んだことがある。以来、上司に何かと嫌味を言われたりしていて、艶子はそれを問わず語りに聞かされていた。だから、夫がいずれ阪神航空を出されることになるだろう、と予想していたのだった。

生真面目な野崎はその夜、帰宅すると彼女に改めて告げた。

「うちには財産もないけどな、追い詰められたときには、命を絶つ前に球団を辞めるからな」

――タイガースをクビになったら、小さな旅行会社にでも拾ってもらうか。死ぬよりはましだ。

それを聞いて、彼女は台所で静かに考えた。

――この人は航空本部を放り出されたんやな。嬉しいことやないけど、まあ球団で頑張って、だめだったらいつでも辞めればいいわ。なるようにならな、しかたない。

2

瀬戸山隆三《りゅうぞう》は、三つのプロ野球チームを渡り歩いた、日本では稀有な球団経営者である。大阪市立大学を卒業し、一九七七年に入社したダイエーで「日本一の肉のバイヤー」を目指したのだが、ダイエー創業者の中内㓛から南海ホークスの球団買収を命じられたのをきっかけに、福岡ダイエー（現ソフトバンク）ホークスの球団代表や千葉ロッテマリーンズの球団社長、さらにオリックス・バファローズの球団本部長を務めた。

中内流の経営術を学んだうえ、「球界の寝業師」と呼ばれた根本陸夫（元ダイエーホークス社長）の弟子のひとりでもある。静かな会食の場で「失礼！」と言うなり、椅子からちょっと尻を浮かし、大きな屁をぶっ放して笑いを取り、人の気をつかむ関西人らしい胆力も備えていた。

二〇〇四年に彼を雇ったロッテマリーンズは、毎年四十億円の赤字が悩みの種だった。野球歴で言えば、瀬戸山は大学の元準硬式野球部員に過ぎないが、根本の下でチーム編成の要諦やマネジメントの能力を身に着けている。彼のホークス退団を待っていたかのように、ロッテグループ財閥の総帥だった重光武雄は、「うちの赤字を二十億円にまで減らしてくれ」と言って雇い入れていた。

それから六年後の二〇一〇年十月のことである。

パ・リーグのペナントレースで三位だったロッテは、日本シリーズ出場チームを決めるクライマックスシリーズ（ＣＳ）を勝ち上がり、余勢を駆って中日ドラゴンズを破り日本シリーズを制した。大活躍した捕手の里崎智也が「勝っちゃったね」と漏らした、無欲の日本一である。「史上最大の下剋上」とも呼ばれた。

日本シリーズ進出を決めた日のことだ。ファンも選手も狂喜乱舞、試合後、球団社長の瀬戸山までがグラウンドで胴上げされた。彼は感激した。黒子であるフロントの人間が胴上げされることはまずあり得ないことである。そこへオーナーの重光から、明日会いたい、という連絡が入る。

瀬戸山はこの感動がさらに続くのだと確信した。

――これはオーナー直々に、賛辞をいただけるということだろう。

翌朝の飛行機で、彼はＣＳ最終戦の舞台となった福岡から、東京のオーナーのところに駆けつけた。瀬戸山は鼻高々の報告のつもりでいる。

ところが同席した息子の重光昭夫の表情が強張っている。本業に忙しい重光は球場には来ないので、昭夫がオーナー代行として業務を仕切っていた。そこへカリスマの異名を取る重光が現れ、瀬戸山が「このたび、日本シリーズ進出を……」と挨拶をするや否や、怒鳴りつけた。

「そんなことは、どうだっていいんだよ！」

「はっ……」

勝利の酔いは一度に吹き飛び、空気が凍り付いた。

「困るんだ。赤字はどうなるんだ！」

怒気をあらわにした形相は、君は何をしてくれたんだ、と言っている。このままでは、選手年俸を上げてやらなければならないではないか。重光の関心事は赤字の圧縮と球団財政にある。日本一など関心がないのである。

瀬戸山はこの間、現場のワンマン監督だったボビー・バレンタインや通信業界から転身した球団事業本部長の荒木重雄らの力を借りて、次々と再建策を打ち出していた。彼の著書『現場を生かす裏方力』（同友館）などによると、四十億円の赤字を十八億円にまで減らせると思っていた。だが、重光は「赤字は十億円までだ。今は昔と時代が違うんだ」と納得しなかったという。

そばにいるオーナー代行の昭夫は青菜に大量のぶっかけ塩、昭夫がこのカリスマオーナーから権力を奪取する前のころだったから、その剣幕に押されたのか、言葉もなかった。瀬戸山は反論をぐっとこらえ、うなだれて反省したふりをした。

そして結局、高額の年俸を取っていた選手の放出に踏み切る。経費を抑えるしかないという結論に達したのだ。翌年、トレードの対象になったのが、日本一の立役者だった四番打者のサブローである。その受け入れ先が、私が球団代表兼GM（ゼネラルマネージャー）を務めていた読売巨人軍だった。

サブローはチームプレーに徹することのできる穏やかな選手だったから、トレードを持ち掛けてきた瀬戸山に「なぜ彼のような男を放出するのか」と事情を尋ねた。彼は怒りを抑えて寂しそうに笑った。その眼の光は、いまも私の記憶に残っている。

負けて叱られ、勝ち過ぎてまた叱られる。興行と勝負の間にある、そんな不条理な世界に、野崎は投げ込まれようとしている。彼は、大きな不安を抱えていた。「自分は野球の素人だ」という思いであり、「人付き合いが下手な自分に務まるだろうか」という懸念である。

だが、結論から言えば心配する必要などなかったのである。しぶしぶ出向したタイガースで、三か月後には監督解任をめぐって大騒ぎが起き、その後も仰天するような出来事が次々とやってくる。習うより慣れよ。どの世界でもそうだが、サラリーマンは与えられたところにどっぷりと漬かるしかないのだ。

野崎は内示を受けると自宅のパソコンで、〈このたび、一身上の都合により、勝手ながら、○年○月○日をもって退職いたしたく、ここにお願い申し上げます〉と、日付を抜いた辞職願いを書いた。いつでも辞められるように準備はしておこうと思ったのだ。それをフロッピーディスクに入れて球団に持って行った。のちにそれをたたきつけてやろうか、と何度も思うことになるのだが、それで肝は据わったような気がした。

その直前に、野崎はタイガース球団社長の三好に会いに行った。

タイガースが一九八〇年にアリゾナで春季キャンプを張ったとき、野崎は阪神航空の添乗員として現地まで付き添った。そこに電鉄本社秘書部長だった三好も来ていて、それ以来、挨拶を交わす間柄となっていた。

――あれやな。人付き合いが下手な俺を球団に引っ張ったのは、きっとこの人や。

出向者が野崎でなければならない理由はなかった。解任された前球団代表の沢田のほかにも、過去に球団管理部長などタイガースの要職を務めた同期入社組がいたのだが、電鉄本社に復帰したりしていて、そのときには、野崎以外に適当な候補者がいなかっただけのことである。

三好は野崎が野球を知らないことがわかっていたから、いきなり、「チームの仕事は私がやります」と言った。

「君は営業に人事、総務、経理の管理部門を担当してくれませんか。それに連盟担当もお願いします」

しばらく雑談を交わすうちに、沢田が新聞記者たちに勝手なことを言うので困っていた、とこぼした。「虎番」と称するスポーツ記者、それが一番の問題なのだ。

これは少し後の引継ぎで知ったことだが、虎番のスポーツ記者の中には、「ゴキブリ」や「フセイン」と異名を取る癖のある記者がごろごろいて、軽視できないのだという。「ゴキブリ」記者とは、色が黒く小柄でセカセカと球団中を動きまわる。一方の「フセイン」記者は、イラクのサダム・フセインのように強引で、部下に対しても専制的だったため、そう呼ばれていた。彼らの中には、オーナーの懐に飛び込み、特ダネ目当てにオーナーの〝御庭番〟のように走り回る者もいた。政治部の番記者によく似た生態である。記者たちの人柄はさておき、容易ならざる輩が球団で待ち構えているということである。

野崎は、チームを担当しなくて良い、と社長の口から聞いて、気が楽になった。営業にはそこそこ自信があり、何とかなると思った。だが、実際には、そんな気楽なことにはならなかった。この球団は誰も予想しない方向に動いていくのだ。

出向の内示を受けた後、野崎は地元の芦屋市立図書館に足を運んだ。頻繁に通ったのは本館で、その分室には小説家の村上春樹も通っていた。どちらも古い造りのゆったりとした図書館で、本館にはスポーツに関する資料を豊富に揃えていた。そこで野崎は野球にかかわる本を探し出し、次々に借りたり、書店で買ったりした。

その中には、『スパーキー！』（ダン・イーウォルド）、『FAへの死闘』（マービン・ミラー）、『「Yes」と言えなかった大リーガー』（マーティ・キーナート）といったメジャーリーグ物も含まれていたが、大半は日本野球に関するものだった。

熟読したのは、日本野球機構コミッショナーだった下田武三の『プロ野球回想録』や慶大教授・池井優の『野球と日本人』のような球界を俯瞰する類のものだったが、『人を動かす人を活かす』（山本七平、星野仙一）、『ビジネスとしてのプロ野球』（塩沢茂）、『仰木彬「人材育成の黄金律」』（太田真一）といった自己啓発本やビジネス本に関心は移り、やがて西宮の図書館にも足を延ばして片っ端から読破して、その数は六十冊を超えた。

驚いたのは、タイガース批判本の多さである。

『いつまでアホやねん阪神タイガース』や、『ダメ阪神に呑ます薬』『タイガースへの鎮魂歌』『なんとかせんかいタイガース!!』『起きろ、寝ぼけトラ！』……雑多で玉石混交の、いわゆる「トラ本」が、どん底の時代に次々に刊行されていた。ということは、裏返せば読者と広大なファンの支持層があるということだ。

――それでも七十億円なのか。

野崎はその数字に驚いていた。七十億円とは、タイガースの年間営業収入の金額である。セ・リーグの人気を二分する巨人の三分の一もないのだ。自前の球場を持たない巨人は、別グループの東京ドームに膨大な球場使用料を払っても、なお潤っている。対する阪神は、甲子園球場という日本一広く、一種独特の雰囲気を持つ高校球児の聖地を抱えていて、このありさまだ。

そんなものなのだろうか。疑問を抱えて、阪神電鉄会長兼タイガースオーナーの久万《くま》俊二郎を訪ねた。

3

久万は高知市出身の土佐っぽで、実家の二、三町先には坂本龍馬の生家があった。東京帝国大学法学部政治学科を仮卒業して学徒出陣し、復員後の一九四六年に阪神電鉄に入社している。その直後に肺を病んで五年近く療養生活を過ごしており、周囲には「躓きから始まったんや」と話していたが、その後は電鉄の中枢を歩いていた。一九八二年から十年間、社長を務め、退いた後も会長兼球団オーナーとして阪神グループに君臨していた。その序列を示すかのように、電鉄本社社長はオーナー代行の位置にいる。

野崎が電鉄本社の会長室に久万を訪ねたのは、七月一日の人事発令の直後だった。久万はオーナー就任十二年である。前年の九五年には、最下位に低迷していたチームに苛立ち、監督の中村勝広を「采配はスカタンですな」と批判し、途中辞任に追い込んでいた。巨人のワンマンオーナー・渡邉恒雄とともに、「東のナベツネ、西のクマ」と言われた球界の絶対権力者であった。

野崎から見ると、久万は彼ら六五年入社組の人事部次長で、大卒者の面接責任者でもあった。ちなみに当時の人事部長は、電鉄専務兼球団社長に就いた小津正次郎である。小津は球団初の外国人監督となるドン・ブレイザー氏を迎えたり、新人ドラフト会議で抜群のくじ運を誇ったりして、「オヅの魔法使い」と呼ばれた名物社長である。

そんな縁が野崎を不本意な球界へと引き入れたのだった。

久万は経理に強い関心を示し、エリートの道を歩いてきたためか、気分をあらわにする質だった。機嫌の良いときは軽口をたたき、人懐っこくもなる。

「君は野球が分からんやろから、三好さんを助けて球団の経営をしっかりしてくれ」

と野崎に言って、「昔から君は強情だったな」と続けた。もともと面識があり、本社で顔を見かけたら挨拶したり、旅行部長時代も会議で何度も顔を合わせたりしていたから、気軽な調子である。そして、「タイガースは振るいませんね」という野崎に、淡々とこう告げた。

「阪神タイガースちゅうのはたいしたもんやないんやから、そんなに力まんでもええ。阪神電鉄の売り上げは三千億円ほどあるが、タイガースは百億円もない。ちっちゃな会社なんや。強い、弱いと騒がんでもええ」

メガネの奥の、いつも眠た気な目が開いていた。本気で言っているのである。

野崎は絶句した。

タイガースはたいしたことはない、というのは、久万の口癖なのだという。彼は長年の経験から、球団経営自体はあまり儲かるものではないと思っていた。収入は少なく、費用はかさむ。球団を抱える最大の利点は宣伝広告と販売促進効果だが、地域独占企業の鉄道事業者の立場からみると、その効果はさほど魅力あることではないのだ。「阪神と巨人が試合してれば儲かる。ジャイアンツにくっついていりゃ、阪神は安心や」と笑うこともあった。

これは力を抜いて仕事をせよ、ということなのか、とも思ったが、側近たちに聞くと、「久万さんの言葉に裏なんかあらしまへん」という。

球団で働いた者たちの話を総合すると、次のようなことらしい。

「官僚や東京の経営者のなかにも阪神ファンがたくさんいて、タイガース、タイガース言いますやんか。阪神電鉄よりも、タイガースのほうが大事みたいなことを言う。東京から見ると、タイガースが親会社で、電鉄が子みたいな感覚があります。これが電鉄に君臨する久万さんにしたらおもろないんですよ。

タイガースみたいな興行のあぶく銭の会社と、電鉄みたいな公共交通機関とでは比較になるかい、それよりも電鉄会長や、わしはえらい、そっちのタイガースよりえらいという気持ちがあるんです。昔は『嫁に行かすなら住友か阪神さんや』と言われたもんですからな」

しかも、タイガースは二十七年連続の黒字決算である。試合に負け続けても球団は儲かっている。ファンは阪神電車に乗って観戦に訪れ、調子がよいときは売店でグッズや飲食物を買い、阪神電鉄の持ち物である甲子園球場を満員にしてくれる。タイガースは阪神電鉄本社に多額の球場使用料を払っている。リスクのある経営改革はなくても済むのだ。

――この人は、タイガースのもつソフトの力をわかっていない。タイガースは、阪神電鉄最大のブランドなのに、それが認識されていない。もっともっと儲かるはずなのに、これじゃあ、あかん。鉄道経営はうまくいっていても、球団の経営は下手くそや。

野崎は、オーナーも球団もまた、ぬるま湯に浸かっているのだと痛感した。

タイガースはもともと、東京巨人軍のアンチテーゼとして一九三五年に発足している。関西の地盤沈下が叫ばれて久しいが、なんとか東京に一泡吹かせたいという反骨精神があり、古くは藤村富美男や村山実に代表される強烈な個性の、闘争心むき出しの名選手を輩出してきた。しかも、大阪に本拠地を置いた南海ホークスが消えてから、さらに大阪の庶民は泥臭いタイガースファンに転じている。

――巨人がスマートな紳士なら、タイガースは熱狂するおっさんや。ファンはこの庶民的なデコボコチームが勝ちぬいて優勝する夢を見、その瞬間を待ち望んでいる。そして、勝てるチームを作るためには、球団オーナーというトップが大きな言葉で常に目標を示し、その土台となる経営の革新を社員に迫ることが必要なのだ。それは、素人でも分かる理屈やないか。

だが、ここでは負け犬根性が丸見えの言葉を、オーナー自らが口にしている。

阪神電鉄は、大阪・梅田と神戸・元町間を結ぶ三十二・一キロの本線と、六・三キロの西大阪線、一・七キロの武庫川線を抱えている。規模こそ私鉄大手のなかで一番小さい会社だが、財務内容に優れた堅実経営の企業だった。何よりも大阪・神戸間という人口稠密な地域を走るという、好条件の公共交通事業である。安全第一を貫く限り、激しい競争にさらされることなく生きていける。社員は居心地のよい、それなりの待遇を受けられたのだった。

――鉄道は騙して商売せなあかん世界とちゃうものな。相手は権限を持ってる役所とかお客さんや。公益事業と一緒みたいなもんやから、役所以上にお役所的で、社員も素直な人間ばかり。人を裏切らない。これが阪神の良さやな。

だが、それがいつの間にか、進取革新の気概が敬遠され、阪神電鉄グループ全体を包むぬるま湯体質に変わっている。

それが十年後、乗っ取り騒ぎと阪急ホールディングスによる経営統合を招く素地になるのだが、だれもまだ自分たちの甘さと危機に気づいていなかった。

帰宅すると、野崎は食事を手早く済ませ、二階の部屋に閉じこもった。妻の艶子はまたかいな、と思っている。

夫は酒を飲まないので、帰宅すると熱い茶を飲み、食卓に出ているものからパパパッとせっかちに食べていく。待っていられないのだ。あるものから先に食べて、艶子が、あれ、もう食べ終わってる、と思ったときには立とうとしている。彼女はゆっくりと食べるほうで、時々、

「ああ、もう喉つまるわあ」

と言ってしまう。夫に言わせると、早食いは阪神航空旅行部で添乗したりしていたからだという。

「旅行の仕事してるとな、お客さんより後から食べて、先に終わらなければいけないからな」

――そう言うけれども、何事も夫はもたもたしてるのが好きやない。あの人は布団に入ったら一、二分で寝てる人や。

そして、静かな夜が始まる。夫はパソコンの前で改革案を練りながら、久万のことを考えていた。その話がちらりと出たので、階下の妻はオーナーの顔を思い浮かべた。

――厳しい方みたいやったなあ。

前途多難な再出発である。

転職の重さに、彼は返事した。
「人生の半分だけ、預けますわ」

第二章

赤貧球団なんでも屋

1

阪神タイガースに野崎が出向して二年ほど過ぎたころの話である。西に三百十キロほど離れた広島東洋カープ球団では、営業企画部長兼商品販売部長の鈴木清明《きよあき》が、きょうは球場に何本のちくわを仕入れるか考えていた。

鈴木は野崎より十二歳年下の四十四歳、髪を七三に分けて、長袖の白いワイシャツに控えめなネクタイ、背広という、通称「カープスタイル」を崩さない。白皙《はくせき》でいつも苦いのか渋いのか、よくわからない硬い表情をしているので、ちくわのことを考えていても大ごとで悩んでいるように見える。

商品販売部では当時、本拠地だった広島市民球場にどれほど観客が入るか、天気や対戦相手によって観客数を読み、つまみとして売るちくわの仕入れ数を決めていた。決定するのは鈴木である。せいぜい二、三百本程度なので小さな商いなのだが、ちくわの扱いは、面白味はなくても商売の基本だと彼は考えていた。

これが弁当ならば、売れなかったら業者に返すことができる契約になっているのである。ビールや袋物のおつまみは保存はきくが、ちくわは保存も返品もきかない。雨で試合が流れたり、集客予想がはずれて余ったりしたらどうするか。売上額にすれば、せいぜい二、三万円ぐらいだが、それを捨てるのか。鈴木は自問自答している。

――いや、それはもったいない。そうだ、二階のレストランで天ぷらにして、うどんに載せればこれも一品だな。

だが、雨の日が続くと、今度はレストランの担当者に、

「またちくわが余ったんですか！」

と嫌な顔をされる。予測をしっかりして、試合経過と時間を見ながら売り子にはっぱをかけて売らないといけないのだ。

カープは鈴木が入社した一九八三年ごろから、本格的な経営改革を続けてきた。東京や関西の大都市を本拠地にする巨人やタイガースと異なり、地方球団はいつも経営難に悩まされ続けているのだ。

日本のプロ野球は、十二球団が結ぶ特殊な「プロ野球協約」と「日本野球機構」の下で運営されているのだが、ビジネスという視点で言えばそもそも、地方球団は不平等な条件を強いられている。

それは一つに「保護地域」のルールから来ている。球団は一チーム一都道府県とする保護地域の中で全てのプロ野球関連行事の独占権が与えられているが、一千万都市をバックにする都会の球団に対し、カープの広島県は人口二百八十万人。そこで集客するには、都会球団より何倍もの努力をしなければならない。

さらに、日本野球機構は大リーグやサッカーのJリーグと成り立ちが異なり、個々の球団が

集合した組織であるため、放映権やグッズ販売などリーグ共通のビジネスが折り合わず、それも大きな収入格差を生む要因になっている。

時々、「メジャーのように放映権などを野球機構が一括管理し、放送局や電通などと交渉すれば、総合的にもっと高い収入が勝ち取れる」という議論が出るのだが、独自に多額の放映権収入を稼ぐ巨人やタイガースなどが反対してまとまらない。

「十二球団で放映権収入を分けたら、うちらが割り勘負けしますがな。そら、あきまへんわ」というタイガースの主張は実に分かりやすい。球界で協力して総収入が増えたとしても、「十二球団で割れば巨人や阪神は損しますから」というわけだ。それで、球界では「球団個々の経営努力が大事」という十年一日の結論に落ち着いている。

カープは巨人やタイガースに続いて、一九七五年から何とか黒字経営に転じてはいた。が、それはわずかでも利益が出るように、選手年俸など経費を徹底して抑えているからで、年俸高騰や放映権料のダウンといった事態に見舞われればいつ赤字に転落してもおかしくない、瀬際のところを歩いていた。

「優勝すればみんな見に来てくれる」という人もいるが、熱しやすく冷めやすい、そして倹約家の多い広島県人相手には、勝つだけではだめなのだ。確かに一九七五年に、監督だった古葉竹識《たけし》の指揮で球団史上初のリーグ優勝に導いたときには赤ヘルブームが巻き起こり、前年に六十五万人だった観客が倍増した。だが、その後の優勝ではさほど観客動員数は増えなかった。

広島県人は何かあればすごく燃えるのだが、それが当たり前になるとスーッと冷めていく。
これはチームの勝利だけに頼ってはならない、という営業の教訓であり、そうしてみると、ちくわの仕入れ一つにまで心を砕くしかないのである。

鈴木はカープの生え抜き社員ではない。もともと広島に本社を置く自動車メーカー「東洋工業」に入社した経理部員である。

彼は七七年入社組だが、そのころの東洋工業は経営不振のどん底であえいでおり、彼らの前後五年間は新規採用がなかった。言い換えるとそれは、ライバルが極端に少ないことを意味し、かなりの確度で役員や幹部に昇進することを意味していた。実際に鈴木の大卒同期組二十人のうち七人までがマツダの役員に昇進し、そのうち小飼雅道はマツダ社長の椅子に座った。

ところが、鈴木は入社七年目に、上司の説得を振り切って東洋工業に辞表を出し、カープ球団に転職している。

二十九歳の夏、まだ独身であった。

そのころのことを、鈴木は時々思い出すことがあった。すべては、東洋工業創業者一族の松田元《はじめ》が米国留学から帰ってきたことから始まっている。

帰国すると元は、鈴木の職場である経理部原価計算課に配属された。鈴木が入社してから二か月後のことだ。彼は東洋工業の三代目社長・耕平の長男である。鈴木の三つ年上で、一九七

三年に慶應義塾大学を卒業した後に留学していた。上司は元を原価計算課に配置すると、鈴木に、

「同じ部署に新人二人はいらないから、君は情報システム部に行きなさい」

と告げた。はい、と素直に応じていれば、たぶん彼の運命も穏やかなものになっていたであろう。ところが、突然、鈴木の中から反骨心が顔を出し、

「なんで社長の息子が入るかわりに、私が他に行かなければならないんですか」

と言ってしまった。清明の名の通りにきっぱりとした質なのである。

高校のころには「制服廃止」を叫んで、学生運動の列に加わっている。反発心が突き動かしているだけなので、廃止になったら今度はみんなで制服を着た。熱しやすく冷めやすい、それでいて素直に引き下がらない広島人気質を身につけている。

鈴木は、経理部などにいたくなかったのだ。デスクに張り付いているのが嫌だった。そろばんをはじくのも好きではなかったから、一人だけ電卓を使っている。そもそも、入社後に人事部面接を受けた際、「経理に配属するのだけはやめて下さい」と懇願している。人事部長にこう諭された。

「そういう人こそ経理に行きなさい」

後でわかったが、大卒の同期入社組の大半は、経理部など管理部門に配置されていた。幹部候補生だったのである。

そんなところへ、元は現れた。鈴木はこれを機に経理部から脱出できたのだが、なんで私が他に行かなければいけないのか、と言った手前、後には引けなかった。上司は御曹司の席を鈴木の真向かいにしつらえ、一緒に働かせた。そうして毎日顔を突き合わせているうちに、遊び仲間になっていった。

「わしは二月十一日の建国記念日に生まれたので、名前がハジメなんじゃ」

そんな話を聞いたり、元の自宅に遊びに行ったり、互いに女性のことを打ち明けたり、一緒にスキーに行ったり、釣り用のボートを共同購入したりした。ボートを買うときには、二人の約束事を紙に記した。そのなかで、元が一つだけ、「わしはこれ、いやじゃ」と顔をしかめたことがある。〈ボートは二人で掃除すること〉という項目を見て、元は言い張った。

「何をしてもいいが、掃除はせん」

「松田さん、何を言うとる」

鈴木が言い返す。結局は一緒に掃除もするので、わがままを言ってみただけなのである。とことん気に入らないことがあると、しばらく距離を置いたりしながら、兄弟のような、ライバルのような、不思議な関係を続けた。

鈴木は、旧日本海軍の軍港があった呉港から山一つ越えた街の、サラリーマンの次男として生まれている。そこから旧広島藩の藩校で一貫教育の私立修道中、高校に電車で通った。同級生に松田元の弟の弘（故人、アンフィニ広島元社長）がいた。弘は学校のサッカー部、鈴木はサッカー同好会のチームに所属し、その存在を意識し合っていた。

その後、鈴木は一浪して、慶應大法学部政治学科に進む。一九七七年に卒業して、東京は住むところじゃない、広島に帰ろう、と決めたとき、東洋工業だけには就職したくない、と思った。現役合格の弘は一年前に慶應大経済学部を卒業し、東洋工業のメインバンクである住友銀行に入社している。

――いずれ彼もオーナー会社に戻ってくるのか。その下風にはつきたくないな。

そう考えていたのだが、結局、のんびり就職活動をしていた鈴木が入社したのは、その東洋工業だった。

当時の東洋工業はコンパクトで軽量のロータリーエンジンを開発して、世界中の自動車業界を驚かせていた。勢いに乗る社長の耕平はコスモスポーツやファミリアクーペなどに搭載した後、それを全車種に普及しようとした。ロータリーエンジンは、従来のレシプロエンジンに比べ、出力が高く、低振動、低騒音といった利点を備えている。

ところが、燃費の悪さを同業他社から徹底して叩かれた。「自動車業界はすごいところだ。出る杭は打たれる」と耕平はジャーナリストたちに漏らしている。そこへ石油ショックの直撃を受け、販売数は激減し、経営はさらに悪化した。住友銀行が経営支援に入り、とうとう鈴木たちが三年ぶりに新卒採用された年に、耕平は経営不振の責任を取って社長から代表権のない会長に退く。そして、残された広島カープに追いやられることになった。

翌年、元は経理部から部品輸出部に転属し、一九八二年には父の後を追ってカープに転じた。鈴木と元の仕事の縁はそれで切れたはずだったのだが、翌年初めに、元がやって来た。

「東洋工業を辞めて、うちの球団に来んか」

元は球団の前近代的な経営体質に手を焼いている、と打ち明けた。

「いろいろと大変なんじゃ。わしに力を貸してくれ」

元がカープの取締役に就任する直前である。マネージャーが手渡しで選手に現金を配る時代で、経理も粗い。だから、財務から経理、営業まで一新しようと思う、と淡々と話した。

鈴木はカープが好きだった。赤ヘル軍団が初優勝したときは大学生で、麻雀屋で夜明けまで興奮したものだが、球団経営には興味がない。それに中学時代からサッカーをしていたから、サッカーの方がもっと好きだった。サンフレッチェ広島の前身で、全国的人気のあった東洋工業サッカー部のファンでもあった。

なによりも、東洋工業と比べると、カープは旧態依然とした、ちっぽけな会社に過ぎない。タイガースオーナーの久万は、親会社の阪神電鉄と比べて、「タイガースちゅうのはたいしたもんやない。ちっちゃな会社なんや」と言い放ったが、松田一族が経営するカープはもっと小さい中小企業だ。

カープは広島に原爆が投下されてから五年後、資本金を一般公募して出発している。驚異的な復興のシンボルであり、始まりからして「市民球団」だったのである。しかし、チーム成績は低迷し、東洋工業とグループ会社が大半の株を取得し、その後は東洋工業の社長の座を退いた耕平が、大半の株を持っていた。

「そんなところに行けませんよ」

週休二日でもないし、などと理由を付けて何とか断った。

ところが半年後、元は再び、鈴木を呼び出して言った。

「困ってるんじゃ。新しいこともやりたいんじゃが」

相変わらず頭は下げなかった。だが、見たこともないほど真剣な表情で、助けてくれ、とも漏らした。

元は大変な照れ屋で、しゃしゃり出るのが嫌いだ。しゃべりも得意ではない。人前ではまずしゃべらない。コーヒーでも飲みながら雑談をするのは好きだが、マイクを持つのはだめで、オーナーになった後も、選手の結婚式のスピーチを「わしはやらんから頼むわ」と鈴木たちに押し付けた。ぶっきらぼうだし、東映のヤクザ映画『仁義なき戦い』で有名になった広島弁の地を隠さないので、その言葉は知らない者には荒く聞こえる。

その口下手な男が球団を変えようとして、目の前で少ない言葉を尽くしていた。鈴木はこのまま大企業の歯車でいいのだろうか、と悩んでいた時期だったから、元の言葉は心に染みた。反骨心に満ちた心意気を、彼は強く求めている。

元はそのとき、もう「御曹司」とは呼ばれなくなっている。父親の耕平も東洋工業での失敗の痛手から立ち直って、元とともにカープの刷新を進めていた。

鈴木が父親に相談すると、「お前がやりたいように生きればいい」と言ってくれた。父は脱サラして母親とともにガソリンスタンドを経営しており、転職の重さを知っていた。それから、元に会って返事した。

「人生の半分だけ、預けますわ」

「おお」

太い声を漏らした後、元は「うちの母親にも言われたわ」と言った。

「人の人生に責任を持ちなさいよ」。そう母親に言われている、という意味らしい。責任は感じているのだ。ほかにも誘われた社員はいたのだろうが、カープに行ったのは彼ひとりだった。

そのころ、東洋工業は米国進出で打開を図ろうと計画していた。

「もう少し待てばアメリカ赴任もある。時を待て。辞めるな」

と、上司は強く引き留め、「君はなにかね、松田一族と関係があるのか?」と首をひねった。

そのときに給料が上がったのか、下がったのか、鈴木は全く覚えていない。

元とは、先輩後輩という関係から、殿と家臣のような関係になるのだと覚悟していた。だが、この人が本当に自分を必要とするなら、力を尽くしてみよう。

ただし、その相手に人生の全てを預けると、不満や疑問があっても、反論することができなくなる。だから、半分だけ人生を預けて、「辞めろ」と言われたらいつでも辞めてやる。

――そんな気持ちで接していれば、元も鈴木の本音が聞けるじゃないか。ほどよい関係が保てる距離感が、「人生の半分」ということなのだ。それは口数の少ない、二人の暗黙の了解だと鈴木は思った。

2

カープに転職したのは、ロッキード裁判をめぐって政局が揺れた一九八三年の七月である。すぐに鈴木は自分が大手企業のサラリーマンではなくなったことを悟った。女性を狙ったフィットネスクラブの店長を命じられたのである。

発案したのは、オーナーだった耕平である。「球団単体の経営だと収入は限られてしまうから新しい事業をやろう」と言い出し、鈴木を営業企画課長に据えると、翌月に、「カルピオ」という子会社を作った。カルピオとは、スペイン語で「小さな可愛い鯉」のことである。

耕平は「子会社が球団より大きくなってもいい」と発想する先進的な経営者で、元はその血を引いている。親子はバブルに乗じてスキー場やヨットハーバーなどリゾート施設も建設しようと考えていた。新規事業の尖兵はいつも元と鈴木である。まずはスタジオを、「ヘルス・アンド・ビューティフォーラム・カルピオ」と名付け、講師やスタッフを東京から呼んで開店すると、耕平の見込み通りに女性が殺到した。鈴木はびっくりした。

――中国地方の美人が全部来たんじゃないか。

朝から夜まで受講生で埋まり、あまりの忙しさに、店長が二か月もすると辞めてしまった。それを訴えると、耕平は言った。

「店長がおらんのだったら、鈴木、お前やれ」

「えー」。茫然としたが、老熟のオーナーの命令である。やむなく店長兼務となって、午前九時にポロシャツで出勤し、十時に店を開けて午後十一時まで働いた。併設のレストランも昼時には満員だ。人手が足りず苦情が出たので、彼も厨房に入り、キャベツを刻んだり、盛り付けを手伝ったりした。料理は得意なのである。

鈴木の両親はガソリンスタンドを二人で切り盛りしている。三人の子供のために夕食を作り置きしていたのだが、彼は「それじゃ美味くないよ」と、わざわざ材料を用意してもらって、自分で包丁を振るってきたのだった。それで魚をさばき、寿司も握れるようになっている。正月も三日から出勤し休みなく働いた。カープは、鈴木が転職した翌年の一九八四年、八六年とリーグ優勝し、上げ潮であった。鈴木はしかし、スタジオと厨房で立ち回っていた。

一体、俺は何をしているのか、と思った。だが、深く考える余裕すらないほど忙しく、儲かったのである。とうとう耕平は「カルピオ2号店を出そう」と言い出したが、鈴木はへとへとだったから、ここはきっぱりと断った。

「もう勘弁してください。これ以上はできません」

それから五年後、鈴木は元から突然、告げられる。

「おう、うちの選手を連れて、アメリカの独立リーグへ行ってくれや」

松田家の人々はこうなのだ。新し物好きで、常に先導的である。東洋工業で開発したロータリーエンジンが、先頭を走りたがる松田家の血を物語っている。キューバからコーチを招聘したり、そこへチームを遠征させたり、台湾や中国のチームと提携をしたり、いつも日本初だった。問題は、それが早すぎることである。それを鈴木たちは「松田イズム」と呼んだ。

今度は、米国への野球留学である。

緒方孝市ら入団二年から四年目の若手選手三人を連れ、これにコーチを加えて、一九八九年五月から九月までバージニア州の「ペニンスラ・パイロッツ」に行ってこい、というのだった。そこはハンバーガーを食べながら各地に遠征し、メジャーの舞台を目指して鎬《しのぎ》を削る、若い選手たちの戦場だった。

鈴木は引率役であり、下手な通訳であり、運転手であり、調理人である。アパートを借りて共同生活を始め、ホームゲームの時は、朝昼晩と選手たちの食事を作った。昼食を食べさせて選手をバンで球場まで送ると、その足でスーパーに走り買い出しをして仕込む。それが終わると、ナイターの球場に駆けつけ、スコアブックを付けた後、選手たちを連れて帰ってくる。そして遅い食事をとらせて、球団に報告した。すると、日本からテレビクルーがやってきて共同生活を取材し、放映した。「テレビを見たぞ」と元が電話してきた。

「選手が飯の上にピザを乗せて食べていた。おかずがあれかい。お前はあんなものを選手に食べさせよるんか」

「違いますよ。朝食のときに、選手が飯が足りないというんで、ピザを焼いてやったんですわ」

頬を膨らませて答えたら、元は「これどうや。作ったらどうか」と、料理のレシピをファックスで送りつけてきた。それを見ていた緒方は後でこう言った。

「わしは、鈴木さんのことをコックだと思ってましたわ」


そんな誤解を受けながら、翌年もアイダホ州の独立リーグチーム「ゲートシティ・パイオニヤーズ」に、野手の浅井樹《いつき》ら五人を連れて行き、それがようやく終わって帰国すると、元に呼ばれた。

「うちのドミニカアカデミーがおかしいんじゃ。お前行って見てこい」

西インド諸島のイスパニョーラ島東部を占めるドミニカ共和国は、大リーグの選手養成拠点である。カープもこの島で身体能力に優れた地元の若者を集めて、日本球団初の野球学校を作ろうとしていた。大リーグは、当時二十六球団のうち二十二球団までがベースボール・アカデミーを開校し、千五百人をメジャーリーガーやマイナー選手として送り出していた。

カープは約六億円を投じて、ドミニカの荒れ地に広島市民球場の十個分に相当する二十七万平方メートルのグラウンドや寮を整備中だった。そこは首都サントドミンゴから東へ八十キロ離れたサンペドロ・デ・マコリスにある。

ところが、開校の三か月前になっても寮はできなかった。どうやら建築資材がそっくり横流しされているようだ。それを報告すると、元が現地にやってきて業者相手に激怒した。

「おかしいじゃないか。もうええ、自分らでやる」

驚愕したのは鈴木たちだった。

――自分らでやるったって、どうするんじゃ。スペイン語もわからんのに！

だが、やるべきことは一つしかない。現場に残っていた下請け会社と労働者を指揮し、作り上げるしかないのだ。半袖短パンの鈴木はその見張り役である。

現場には食堂もトイレもない。ホテルで買ったバナナとゆで卵をポケットに突っ込み、それを昼食代わりにして作業を監督した。太陽が身を焙《あぶ》る。その下でグラウンドに自分たちの手で芝生を張った。湾岸戦争の影響でガソリンが手に入らず、サトウキビ畑に囲まれたグラウンドまで馬車で石材などを運んだ。

トラブルは続く。足元を見た作業員たちが「労賃が安い」とストライキを起こした。カネが欲しい奴ばかりだった。悪質な作業員をクビにすると、今度はその男たちがガードマンとなって入り込んでくる。怒り、怒鳴り、チョコレートを手に笑いかけ、現場を駆け回っているうちに、鈴木は高熱を発して倒れてしまった。

一緒に来たカープの職員が、広島に戻った元に「鈴木さんがデング熱にかかっています」と電話を入れた。

「どうしてもだめなら、日本に帰したる」

そう言われると、おめおめと帰れない。意地が先に立つのだ。「医者にかかれ」とも言われたが、注射針ひとつ替えないような場所だから、「病院には絶対行かない」と、ホテルのベッドでうんうん唸っているうちに、少しずつ熱が引いた。

頑張りどころを越えて、一九八九年十一月に作り上げた「カープアカデミー」は、大リーグ球団傘下のドミニカチームと戦うと、実に強かった。彼らが時間をかけて教えられていないのに対し、カープは日本からコーチを送り込んで、トレーニングから連係プレーに至るまで訓練し、素材に磨きをかけている。

地元リーグに参入して四年目、カープアカデミーはサマーリーグで地区優勝し、翌年にはファイナル優勝を果たした。すると、今度はリーグ自体から締め出しを食らった。三菱地所がロックフェラーセンターを買収して、ジャパン・バッシングが広がっていたころだ。それでもドミニカにコーチを送り続けて、カープ流の育成を続けた。

米国留学を引率したり、ドミニカの荒れ地を這いずり回ったり、「それが営業企画課長の仕事か」といえば、そうではないだろう。だがここは中小企業、自分はなんでも屋だ。

それに、鈴木は「ちょっとやってみろ」と言われて初めてのことに取り組むのが嫌いではなかった。どう目的にたどりつくかは、自分に任されている。城を築くのは耕平や元でも、その石垣の石をどう運ぶかは私に任せて下さい、というふうにやってきた。米作家のヘミングウェーがこんなことを書いている。

〈あいつは刺激のあるもの、場面の変化をともなうものなら、なんでも、好きだった。そうすれば、新しい人々に会え、物事が愉快になるからだった〉(『勝者には何もやるな　ヘミングウェー短編集3』)

歯車のひとつから脱して、刺激を受けながら働くことが、鈴木には楽しかったのだ。ドミニカ共和国に行ってきてくれや、と元に言われたときもそうだった。「しょうがない、やるしかない」と。そのときのことを彼は時々、思い返した。

ドミニカのラス・アメリカス国際空港に降り立ったときは夜だった。むっと生ぬるい空気に身を包まれて、温かいと感じた。東南アジアとは違う乾いた大気に独特な椰子の木、遠くに暗い海が見えた。

「ああ、これがカリブ海なんだ」

と息を大きく吸い込んだときの感動は忘れない。これから立ち向かうトラブルを忘れて、生きる喜びのようなものを感じたのだった。

3

「もう、これはやめようや」

そう言った鈴木の目前に、カープのグッズカタログがあった。商品販売部の職員がせっせとそれを封筒に入れ、全国のファンに送っている。ファンは届いたカタログを眺めて申し込むというわけだ。

そんな無駄な作業をいつまで続けるんじゃろう、と部長の鈴木は思っている。

「じゃあ、どうせい言うんですか」

「インターネットでやった方がいいんじゃないか。ほら、ネット通販だ」

「できますかね」

「まあ、やってみるか」

そんなやり取りをした後、鈴木はネット通販のシステムを業者に組んでもらった。

一九九〇年代後半から、家電量販店や大手メーカーが次々とネット通販に参入していた。広島でも九三年から家電量販店「デオデオ」がネットショップで洋書を販売している。そういう時代になるのかどうかはわからなかったが、カタログ販売のような無駄な手間をかけるより、システム管理へ移行していこうと思ったのだ。

現状否定から入るのはいつものことである。古いままの球団経営を続けるのではなく、「もうこれは捨てよう」という考えから鈴木は入っていく。じゃあどうするんじゃ、というときに合理的な道を考えるのだ。

あのときもそうだった。商品販売部に初めて足を踏み入れた日のことだ。試合が七回を終わったところ、売店や売り子の売り上げを集め、みんなが札束を扇形にして数えている。昔の銀行員みたいだ、と唖然とした。

——これ、誰かが間違えたら無駄になるよね。計算が合わないのもいっぱいあるんじゃないか？

そう思って、すぐにメーカーを呼び、紙幣処理機を導入した。

さて、ネット通販の結果である。顧客管理から始めて、その管理システムで最初の一九九八年に一千数百万円も売れた。

——あっ、下手にカタログ送るより、この手のほうがいいな。

鈴木たちがネット上にホームページを作って本格的に売り出すと、翌年には倍になり、さらに五千万円と増えていった。途中で楽天から楽天市場への勧誘もあった。最初はクレジット決済をやっていなかったから、現金書留で支払ってもらう形を取った。

球界の先駆けだった。さらに、送料を一律五百円にし、「ファンブックも含め、グッズは何個でも五百円でやってくれ」と配送業者と交渉した。ファンは送料五百円で全部を買えることになり、結構な数が売れた。

ところが、四、五点のグッズの申し込みがあって一つでも欠品になると、それはファンのもとに送れないことになる。しかたなく欠品のグッズが届くまで段ボール箱に入れて商品販売部に積んでおく。それが山積みになり、さらに倉庫にも積みあがった。段ボールのテープをはがして入れたり出したり、それで段ボールを扱うのが運送業者並みに得意になった。鈴木の余技がまた一つ増えたというわけだ。

なんでも屋の仕事はまだまだ増える。

経理部長が倒れたときのことである。球団常務兼オーナー代行に就いていた元が言い出した。

「お前、うちの経理部長の代わりにカープの決算をやってくれ」

「いやあ、決算なんかしたことないですよ」

「できる。東洋工業の経理部におったんだから」

鈴木は東洋工業経理部時代に経理業務と電卓技を学んでいた。そろばんが嫌いだったために電卓に固執し、それで計算していて大間違いをしたこともあったのだが、元はそこを覚えていなかったらしい。やむを得ず、カープの過去の決算記録を分析して、結局は何とかした。

体質改善を進める元は「ケチ」と呼ばれ、鈴木は「汗と知恵は金がかからん」と言うのが口癖になった。


そして一九九八年五月に営業企画部と商品販売部を統括する立場に就き、ちくわに頭を悩ませていたというわけだ。

彼の居場所は原爆の爆心地に近い、古びた広島市民球場のスタンドの下にあった。一塁ベンチとブルペンの間にあって、外は見えないし、日も差さない。球場は石を積んで土台を作り、その石垣の上にスタンドを建てていたのだ。鈴木のいる事務所はその石垣がむき出しで、雨が降ると雨水が石垣の間を流れる。

それで雨が降っていることがわかった。海が近く、潮が満ちてくると、どこから来たのか赤い蟹が石垣を這った。その横は通路で、そこは選手が試合後、こっそりと帰る道になっていた。時々、選手やコーチがスパイクをカチャカチャ鳴らしながら通っていく。ここは「下」、ベンチやスタンド、レストランのあるところは「上」と呼んでいた。

選手やスタッフが気持ちの良い夏雲の下で光を浴びていても、鈴木たちは穴倉にいた。それでもみじめだという気持ちにならないのは、十二球団で唯一親会社を持たない地方球団を、下の方でぎりぎり支えているという気概のためだ。

鈴木の机の上には、小さなメモがはさんであり、そこにはこう記されていた。

〈わらわれて　わらわれて
えらくなるのだよ
しかられて　しかられて
かしこくなるのだよ
たたかれて　たたかれて
つよくなるのだよ

よのなかのえらいといわれたひとが
みんないちどはとうたみちなんだよ〉

耕平がカープの礎の一つとして大事にしている言葉だという。鈴木がカープ球団に入ったころ、元がそれをメモに記して渡してくれた。作者は不明だが、いい言葉だ、と鈴木は思っていた。

わらわれて、しかられて、たたかれて、強くなるしかない。

耕平にとっては東洋工業を追われ、悔しさを秘めて転じた球団経営であっただろうし、鈴木にとっては、もはや帰るところのないサラリーマンの一本道だった。

第三章

あきらめたらあかん

部下を励ました。
「トコトン言わんと
モノにはできへんよ」

1

兵庫県芦屋市は、西隣の神戸市と東隣の西宮市に頭や両肩をぎゅっと挟まれて、腰から先を海へと伸ばしたような細身の小さな街で、形でいえば少し縒《よ》れた短冊状、その短冊を横に切るように、山陽新幹線、阪急電鉄神戸線、ＪＲ東海道線、阪神電鉄本線と、四本の鉄路が並行して走っている。

六甲山の山裾を突っ走るのが新幹線である。そこから海に向かって急な坂を下り、豪邸の立ち並ぶあたりをマルーン色（栗色）の阪急電車が走り、少し下ったホテルや大丸百貨店のある街なかをＪＲ電車、そして海側を阪神電車が、それぞれ階層の異なる人々を運んでいる。

庶民から愛されているのは、下町イメージに包まれた阪神電車である。ちょっと前まで、その車体の色から、「赤胴」「青胴」の愛称で親しまれた電車が走っていた。いまは特急電車の色がオレンジなので、阪急阪神ホールディングスの株主総会では、「名前も言いたくない『あの球団』の色の電車を変えることはできないですか」という質問も出る。

「オレンジ色はライバル巨人のチームカラーであり、阪神電車の色としてはいかがなものか。甲子園球場でタイガースが負けた日に、オレンジの電車で帰るのはけったくそ悪い」というのである。

一般株主たちからこんな質問や疑問の声が寄せられるのも、阪神電鉄が芦屋沿線の最も古い足で、昔からムラからムラをくねくねと結んで、地元に根付いているからである。ただ、六甲の山裾からにじみ出る清流と緑深い芦屋の地が、神戸や大阪の近郊住宅地として喧伝されるにつれ、当時の国鉄、次いで阪急と、山の方に向かって鉄道開発も進んだのだった。

野崎勝義の住む団地は阪神沿線に近い。芦屋浜のなごりの松林が点在する旧堤防跡から、十分ほど歩いた埋め立て地にあった。

芦屋市はいかがわしい飲食店を許さない、日本屈指の高級住宅街である。江崎グリコや三洋電機、ＵＣＣホールディングス、アシックスといった有名な会社の社長、会長、元重役、その一族らが住んでいて、有名芸能人も珍しくない。それで、野崎が芦屋住まいと知るや、

「ほう、良いところにお住みですなあ」

と身を乗り出す人が多く、彼はときどき面倒に感じることがある。

兵庫の人が相手ならば、妻の艶子が笑って言うように、

「そんなそんな、うちは埋め立ての方やから」

と答えれば、ああ、そうですか、と頷いてくれるが、最近では言い訳するのも面倒で、知らぬ人には誤解のままにうっちゃっている。

野崎は阪神航空旅行部の時代にあちこちを探し、結局、仕事優先で伊丹空港に近い芦屋を選んだのである。旅行マンも管理職になると、空港で団体客や偉いさんの送り迎えをする必要があり、早朝や最終便の場合は、名神高速に乗ると約三十分の伊丹空港まで、艶子の車で送って

もらっていた。

阪神タイガース常務に出向を命じられると、芦屋住まいを選んだのが正解だったことがわかった。球団事務所のある甲子園球場まで、阪神電車の特急で二駅、本社のある野田でも二十分で着いてしまうからである。


出向した直後、野崎の団地の入り口には、「虎番」のスポーツ記者がとぐろを巻いていた。野崎の帰宅を待ち受けていたのだ。暗くなると浅黒い記者たちは闇に溶け込み、「人相の悪い人がおる」と近所から苦情が出た。

虎番は手が早くて俗物でないと務まらないところがあり、いちびり、つまりお調子者も多かった。なんでも面白がって書き、よく言えば本音で生きている。野崎は出向した一九九六年七月一日、彼らに、

「この度の異動に誰よりも驚いているのが私自身です」と断ったうえで、「全くの素人ですから、私に質問していただいても大したお答えはできませんので、ご質問のないようお願いします」

と語り掛けた。しばらくして、若い記者から意地悪な質問を受け、

「よくわからんです。私はアホですから難しい質問はされんように」

と、やんわりと返した。すると、

「アホで球団役員が務まるんですか」

と突っ込まれ、しかもそのやり取りを記事にされて、腹の底が煮え立った。彼らにも、選手出身の球団職員にも、あんたのような野球の素人に何がわかる、何ができるんや、と軽んじる気配がある。

しかし、野崎はたいていのことは我慢できた。彼の心の奥深いところには、敗戦後、旧満州から一家七人、命からがら脱出した壮絶な引き揚げ体験があり、それに続く大阪での貧しい暮らしがある。彼に言わせると、「赤貧洗うがごとし」という幼年期だ。それが頑固な彼の〝背骨〟の一部を形成している。

野崎が母親の静子に連れられて旧満州に渡ったのは、太平洋戦争開戦の翌年、一九四二（昭和十七）年のことである。父親の野崎耕は和歌山県出身で、名前が示す通りに農家の四男だったが、その前年に単身で旧満州国奉天市へ渡り、自動車製造を担う国策会社「満州自動車製造株式会社」で働いていた。当時の言葉でいう下級社員であったが、ようやく落ち着いたから家族を呼び寄せたというわけだ。ところが、連合軍の反転攻勢が始まると、現地で召集され、敗戦とともにソ連軍の捕虜となった。

大混乱のなかで、誰もが思い知ったことがあった。極限状態では、運が命を左右するということだ。ある者はシベリアに抑留され、ある者はソ連軍に暴行、凌辱、略奪を受け、ある者は命を失い、そして、耕は痔疾が悪化したために帰宅が許される。

敗戦から約十か月後、耕は妻の静子と子供五人を連れ、同胞とともに無蓋の貨物列車で日本を目指した。持っていくことのできるカネは千円。彼は帰国班の中隊長として引き揚げ者を束ねる立場にあり、「自分が千円以上のカネを隠していて見つかると、中隊全員が帰国できなくなる」と言って、それ以上は持たなかった。律儀で不器用、満州人にも優しい人間だったのである。

野崎は四歳、妹は一か月前に奉天で生まれたばかりだ。列車が停まるたびに静子は水を買い、乳飲み子のおしめを洗った。

一家は中国遼寧省の錦州を経て、引き揚げ基地であった葫蘆《ころ》島にたどり着き、帰国船に乗り込む。

すし詰めの船室ではコレラが発生し、体力のない子供から力尽きた。その子らは毛布で包まれ、板に滑らせて海に流された。祖国まであと一歩のところで、子供たちが波間に沈んでいく。遺灰すら残らない。その水葬の悲しみと親たちの慟哭を野崎は目撃した。

姉たちはひどい船酔いに悩まされる。八月に山口県長門市の仙崎港に着いても、数日間、上陸ができなかった。コレラ患者の移送や検疫のためだった。ようやく大地を踏み、一家は親戚を頼ってよろけるように大阪へと戻り着く。そして農家の納屋を借りて住んでいた。ちなみに旧満州からの引き揚げ者の総数は百五万人に上っている。

それから先のことを、野崎は話したがらない。「きょうだいのだれもが思い出したくない時代です」と言うばかりだ。

記憶をたどることさえ拒む痛苦を、胸の奥に刻み込んでいるのである。困窮とともに少年期を過ごし、野崎は尖ったサラリーマンとして自立した。

そうした彼の過去と苦痛を、球団職員はもちろん、若い虎番記者たちは知らない。彼らは日稼ぎのネタ取りに忙しいのだ。それでわざわざ野崎の自宅にまで夜回りをかけてくる記者もいて、律儀な野崎は彼らとの間で約束を交わした。

「球団事務所で毎日一度は顔を合わせましょう。それから、土日にどうしてもということがあれば、近くの公園で取材を受けます。家が狭いんですわ」と。

だが、あれこれしつこく聞かれても、彼には答えることがなかったのである。

総務や営業に加え、タイガースの連盟担当兼試合管理人になったために、野崎は球場スタンド下の球団室で、主催する全試合を見守る責務を負ったが、試合については、そばで観戦するタイガース球団社長の三好が上げる、うめき声とつぶやきを聞くばかりだった。

とはいえ、舞台裏の試合管理人はなかなか重要な役割を負っている。プロ野球協約で定められた彼らは、試合のトラブル処理に加え、試合をやるかどうかの判断を下す権限を握っている。雨が降っている日に球場に観客を入れるか否か、この雨が止むのかどうか、ピッチャーマウンドに巨大なビニールシートを敷くかどうか、すべて彼が営業日程をにらみながら決めなくてはならない。

当然ながら、彼はそんな判断をしたことがない。初めのころは親身に教えてくれる者もいなかった。

周りは、新米の営業担当常務のお手並み拝見という具合で、雨脚を見て彼が「よし試合中止や」と決断すると雨が上がってきたり、判断に迷ってぐずぐずしていると、現場や営業から「そろそろ決めてくれ」「早う早う頼みます」「レストランが困ってます」とか言ってきたりする。今ほど天気予報が正確ではない時代である。四苦八苦しているうちに意地悪されていることにも気づき、「これは現場から試されてるんやな」と思えるようになった。

もう一つ、彼が虎番の記者に答えることがないのは、たいした引継ぎを受けていないからである。

前任の球団代表から受け取った業務引継ぎ文書は、A４判用紙で七ページ半に過ぎない。しかもこのうち、日本野球機構やセ・リーグ理事会にからむ、ごく基本的な引継ぎが三ページ、彼の担当ではない編成やチーム関係がこれまた概要のみ三ページを占め、タイガースの屋台骨を支える営業部門の部分は一ページに満たなかった。それも具体性のない現状報告の説明ばかりが並んでいる。

〈テレビ契約　料金は９月頃から営業部長が根回し、12月～１月契約〉

〈アドバイザー契約　他チームでは選手と球団間でトラブルあり、注意〉

〈団体セールスとファンサービスの内容をチェックのこと〉

〈年間予約席の販売促進　メジャーリーグやパ・リーグを参考にすること〉

そうした型どおりの引継ぎを受けて、野崎はここでも「こりゃ、あかん」と思った。まさか、タイガースの営業引継ぎのなかに、〈パ・リーグを参考にすること〉とあるとは、だれも思わないだろう。

――時代に遅れてるんや。

自分で考え、打開しなければならないのだ。巨人もそうだったが、日本の球団は営業面でも古い体質を残していた。楽天が八年後の二〇〇四年に参入して、ＳＮＳを駆使したチケットセールスを展開したのを見て、球界関係者は仰天したものだ。

野崎や広島カープの鈴木清明のように、競争の激しい旅行業界や自動車業界で実務経験を積んだ者は、野球界がビジネス社会から取り残されていることがよくわかっていた。野崎は着任すると、球団の職員に繰り返し言った。

「タイガースのスタンダードは、世の中の常識とは違っているよ。忘れたらあかん。阪神航空は外様かもしれんがそっちの方がずっと一般常識に近いよ」

2

タイガースの経理には秘密があった。

阪神電鉄元幹部の証言によると、それは「タイガースには余分なカネは持たせない」というグループ全体の方針である。阪神電鉄の文書には、その旨が記述されていた。

電鉄元幹部が言う。

「一九八五年に三冠王のランディ・バースや掛布雅之らを擁して、よっさん（吉田義男監督）がタイガースを初の日本一へと導いた。そのとき、タイガース球団は二十四億円も売り上げが伸びて、出向者も含めてボーナスを奮発した。どうも一人百万円ずつぐらい配ったらしい。それを阪神電鉄本社の幹部が知って、『球団だけがばらまいてけしからん』と激怒し、余分なカネを持たさんとこう、となった。電鉄にしたら『たかが子会社が何を勝手なことをするんや』という思いがある」

そうした経緯があって、タイガースの入場料収入は増えれば増えるほど、親会社の電鉄に上納する比率が急増する仕組みになっている。前出の電鉄元幹部の証言では、入場客が少なければ上納額はさほどでもないが、観客が増えると入場料収入の三割を電鉄へ、もっと増えると四割になった。だから、タイガースに客が入って「これは儲かったな」という年でも、球団自体にはたいした内部留保がないし、球団単独で物事を決められない。

親会社が子会社の利益を吸い上げるのは、日本の企業社会でも珍しくはない。問題は、努力すればするほど急激に上納額が増え、子会社の社員のやる気を削ぐ構造であり、その一方で子会社には裁量の権限がないことである。

グループ関係者が言う。

「阪神タイガースは阪神グループの中で唯一、最大のナショナル（国民的）ブランドであり、輝くシンボルなんですわ。甲子園球場に来るファンが増えれば、入場料収入や鉄道収入が増加するだけではないですよ。阪神百貨店の売り上げは増し、広告料やテレビ、ラジオの放映権料収入なども増え、グループ全体を潤す重要な経営資源やないですか。また、関西ナンバーワンの人気球団ですから、チーム成績如何によって、関西圏の経済社会の活性化と直結した存在になってます」

だから、と言って彼はこう続ける。

「タイガースのチーム成績が低迷して、そのブランド価値が低下した場合、グループ全体、あるいは関西経済圏にもたらすマイナスの影響は莫大なものになりますわな。では、阪神タイガースのミッションは何かというと、まずはチーム戦力を継続的に強化してファンを集め、その波及効果でグループ事業により多くの収益をもたらすことでっしゃろ。したがって、選手補強をするための費用捻出は、やむを得ない投資ですわ」

ところが、前述のように、カネの大半と裁量権は、頭上に横臥する電鉄本社に押さえられ、しかも内部留保が少ないから、選手補強はままならない。球界では瞬時の判断が球団に求められる場面が少なくないのに、逐一、オーナーの判断と現場を知らない電鉄本社の会議にかけて、決裁を得なければならないのである。

タイガースは他球団とたびたび新人選手や外国人選手の獲得を争っては、負けてきた。スカウトが「うちはカネがないから、巨人さんなんかとは勝負になりまへんわ」と言い訳することも多かった。ここでも負け犬根性が顔をのぞかせている。星野仙一を二〇〇二年シーズンから監督に迎えるまで大きな補強ができなかったのも、こうした事情のためである。

野崎はやがてその壁にぶち当たるのだが、この時点では、社長の三好やチーム付きの球団本部長がもがき苦しむことである。いまの野崎にできることは、営業部門を改革することであった。

タイガースに出向してから約五十日。野崎は約二十項目の営業改革策をまとめ、関係先に文書やメールを流して、一つずつ実行に移し始めた。

それは、〈テレビ局との放送契約を見直す〉〈入場料値上げを最小限にした、観客動員促進計画を実施する〉といった抜本的なものから、〈営業部業務の下請け〉〈営業担当者の再教育。まず東京ディズニーランドで学ばせる〉という営業・人事教育策まで含まれ、中には、〈タイガースレディス会の設置〉〈駅前にタイガースショップを開店する〉といったアイデア先行型のものもあった。

その中で、最初にもくろんだのは、試合チケット販売のコンピュータ化である。

〈意見の交換をいたしたく存じますので、ご多忙中、恐縮ではありますが、打ち合わせ日時の設定等をよろしくお願い申し上げます〉

こんなメールを送った先は、甲子園球場の持ち主である親会社の阪神電鉄甲子園経営部だった。文書には、野崎以下五人で乗り込むと通知していた。

彼は事前の電話で、こう要望していたのだった。

「チケット販売をコンピュータ化すれば、金券であるチケットを保管する必要はなくなり、残券の状況も即座に把握できます。全席をシーズン前から前売りするので、チーム成績に関わりなく、入場人員を確保できますよ。それに、ファンにとっても早くから年間の購入スケジュールが立てられ、顧客掘り起こしにつながります。すでに横浜ベイスターズ（現・横浜DeNAベイスターズ）などで導入しているそうですから、うちもすぐ検討しましょう」

だが、電鉄本社は動かなかった。彼は「これまでも販売システムの電算化を図ったことがあるはずだ」と考えて、資料を探したが見つからなかった。

「でも、自分が三十一年間いた阪神航空旅行部では、チケット販売をコンピュータでやるのは当たり前やった。俺たちはチケットを売る商売をやって来たんやから、その必要性はよくわかっている。電鉄本社でもコンピュータシステムで切符を売ってるやないか」

営業部員をそう説得し、販売の権限を握る甲子園経営部に何度も談判した。しかし、「推進の方向」は確認しているのに、システムを自主開発するか、既存ソフトを導入するかに始まり、開発メーカーや管理会社の選定、業務提携のあり方、その費用の妥当性を巡って、会議は踊り、延々と時間だけが過ぎた。

そのうちに、野崎は本社や甲子園経営部に、窓口で二枚、三枚と売る、これまでの販売方式に固執する者がいることに気付いた。既得権益にしがみついているのだった。

――コンピュータが導入されると仕事がなくなる人がいるんや。役人がそうなんやが、改めた方がいいことでも、自分たちの権限がなくなるようなことは積極的にはしないもんや。だが、許せんのは、阪神巨人戦のようなプラチナチケットを自分が差配することで、ごっつい恩を売っている者がいることや。

だから、野崎は「ええと思うたらトコトン言わんとモノにはできへんよ」と部下を励ました。彼らも電鉄本社に「内務官僚」と揶揄される役人のような幹部がいることを知っている。前例を踏襲し、上層部のご機嫌を伺うヒラメ型の人々だ。野崎はこうも言った。

「しぶとく言い続けな実現はせんよ。言い続けなあかん。あきらめたらあかん」

艶子はよく、「お父さんは自分の思うた通りにやる人やから」と野崎を評するけれど、会社ではいつも強い人間ではいられない。あきらめたらあかん、という言葉は自分に言い聞かせる言葉でもあったのだろう。

コンピュータ販売方式が導入されたのは、それから七年後のことである。野崎の同期入社の一人が、甲子園経営部の担当役員に昇進したことがきっかけだった。ここは、論理や効率より、人のつながりがモノを言う組織なのである。

3

「きょうは遅くなりそうや」

野崎が自宅に電話を入れたのは、午後八時を回ったころである。タイガースの常務取締役に出向して七十四日目を迎えていた。球団事務所は、阪神甲子園球場のバックスクリーンの下にあり、夏の空気が天井にどんよりと淀んでいる。

「晩御飯はいらんようになったわ」

台所で受話器を取った艶子は何も聞かなかった。そして、

「球団は大変なとこやね」

と、ぽつりと言った。妻にも見当はついているのだ。敗軍の将・藤田平の監督更迭をめぐって球団は揉めている。一九九六年九月十二日、タイガースは十三試合を残して四十八勝六十九敗の最下位に沈んだままだった。

チームは横浜遠征に出ていたのだが、「鬼平」とあだ名される藤田は、口をへの字に結び、球団の応接室に居座っていた。「鬼平」は、彼の「平」の一字と、池波正太郎の『鬼平犯科

帳』をかけているのだが、たった一年でクビを言い渡された藤田は激しい気性を隠さず、青鬼のように蒼白で、「オーナーに聞いてくれ」と繰り返した。

異様な解任劇の始まりをこの夜、大阪のテレビ局が伝えている。球場周辺には、異変を知った記者たちが放送局や新聞社からハイヤー、タクシーで駆け付け、違法駐車の列を作っていた。「今日は深夜営業や」。記者行きつけの喫茶店は商魂たくましく、慌てて米を炊いている。記者も野崎たちもそこから出前を取るのである。

長い夜になりそうだった。

艶子は巨人ファンから夫のタイガースに宗旨替えをしている。だが、のちに「宇宙人」と呼ばれる主軸の新庄剛志ら選手たちはてんでばらばら。一族郎党がにわかに声援を送ったところで奮起するわけもなく、相変わらずのどん尻、彼女たちはあきれながら応援していた。

そもそも夫は、前任の球団代表が成績不振で左遷されたことに伴って、球団出向を命じられている。前球団代表に続いて監督が解任されたところでいまさら驚くこともないわ、と艶子は思っていた。

――それに、どんなに遅く帰ってきても、お父さんは翌日、定時に出勤する性格なんやもんな。

夏休みが明ける前から、帰宅した野崎が「あかんわ」と漏らすことが多くなっていた。学校が始まると、四万七千五百人を収容する甲子園球場は不入りがさらに目立ち、覇気のない選手や起用法に怒った酔客が暴れる。女性ファンから「恐ろしくて観戦してられへん。もっと勝ってほしいわ」と野崎のところまで苦情が殺到した。敗戦、怒号、閑古鳥の悪循環で、巨人戦以外はレフト席はがらがら、三塁側のアルプス席は閉めていた。

プロ野球は、球団が予算を組み終わったときに、ほぼ決算の行方が見える特殊なビジネス構造である。新たなシーズンが始まる春に、すでに放映権交渉は済み、球場などの看板、広告料も決まり、年間指定席の販売もおおかた終えているからである。大雑把に言えば、予算イコール決算なのだ。

その計算でいくと、一九九六年の決算見込みはそもそも悲観的であった。前々年の九四年は経常利益が九千万円、九五年にしても、つましい広島カープ並みの一億二千万円の黒字と、徳俵ぎりぎりのところに追い詰められていた。最後の頼みは、日々のチケットの売れ行きだが、今年はこれがひどい有様なのである。

甲子園球場の観客数は近年で最低だった前季よりも二十一万人も減っている。このままでは百五十万人台を記録することは確実であった。二〇一九年シーズンのタイガース観客数はその二倍の約三百九万人だから、いきなり営業責任者を任された野崎が「どん底やな」と、唇をかみしめるのも当然のことであった。

その数字の意味するところは、二十八年ぶりの赤字決算である。

これは経営者として責任を問われる事態で、特にカネと経理にうるさい球団オーナーの久万俊二郎には、絶対に看過できないことであった。藤田は営業や編成にも口出しをするので球団職員に評判が悪かったが、赤字に転落するという切羽詰まった事情が、久万に監督解任を決断させたのだった。

久万は、監督こそがチーム成績と興行の行方を左右すると信じる経営者であった。この三年後にタイガース監督に就いた野村克也から、「オーナーは、監督を替えればチームは強くなると考えていませんか」と皮肉られて、怒ったことがある。

九月の第一週からスポーツ紙は競うように、「藤田解任は決定的」と煽り、きょう九月十二日は毎日新聞までが、〈阪神の次期監督、一枝修平氏が有力〉という記事を載せている。

——火のないところに煙は立たずというけど、タイガースでは火も煙もないことが書かれるんやなあ。

ひどい話や、と野崎は思いながら、午後二時から阪神電鉄本社で開かれた球団取締役会に出ていた。真っ先に承認されたのは、一年契約の藤田を今季限りとする解任議案である。数日前に藤田と面談した取締役球団本部長が報告した。

「監督は観念しているようでして、非常に神妙な態度です」

それを聞いた久万ら役員たちに楽観論が広がった。藤田に監督解任を通告すればそれで終わり、というわけだ。「異議なし」の声がやむと、次期監督を誰にするか、という第二号議案に移った。

阪神電鉄の代表取締役会長でもある久万は午前十一時からの電鉄取締役会にも出席しており、やれやれ、疲れるわい、といったゆるい空気である。取締役会が終われば午後四時半に球団社長の三好が藤田を球団事務所に呼び、午後六時から記者会見という段取りで進んでいた。だから、久万の関心は次期監督の人選に絞られている。

まず、タイガースOBで一九八二年から三年間、監督だった安藤統男《もとお》の名前が挙がった。タイガースでは、人望のある安藤と四番打者だった掛布雅之が主流派と見られ、その影響下にある球団職員やチームスタッフは、「アンカケ派」と呼ばれていた。だが、安藤については「体調が悪いらしい」という声が出て、監督就任を打診するものの、どうも難しいようだという観測である。久万が声を上げた。

「西本さんにぜひ会いたいのや」

彼は、「悲運の名将」と言われた西本幸雄を尊敬しているのだ。西本は、阪急ブレーブスや近鉄バファローズなどの監督を計二十年も務め、リーグ優勝八回、日本一の悲願はついに果たせなかったが、弱小球団を常勝軍団に再生させる厳しい指導で多くの選手と指導者を育てた。久万はタイガースのオーナーに就く直前、西本のもとに通って監督就任を打診し、しかし、断られ続けている。

その西本も七十六歳。パ・リーグ一筋に生きた老将の知恵を借りなければならないほど、阪神の監督人材は払底しているのである。

うーん、と役員たちが腕組みし、考え込んでいると、末席で様子をうかがっていた野崎が口をはさんだ。

「スパーキー・アンダーソンはどうでしょうか」

えっ、という声とともに、役員の視線が野崎を刺した。何のことか分からないのである。一瞬の間があって、久万が目を半開きにしたまま、

「ええんとちがうか」

ぼそりと言った。真意は今ひとつ不明だったが、野崎はそれを選択肢の一つとして了承されたと受け取った。

スパーキーとは、シンシナティ・レッズやデトロイト・タイガースの監督だったジョージ・リー・アンダーソンの愛称で、「スパークする男」という意味が込められている。記録にも記憶にも残らないマイナー選手から這い上がって監督歴二十六年、通算二千百九十四勝を挙げた指導者で、大リーグのナ・リーグとア・リーグの両方でワールドシリーズを制した最初の監督でもあった。

久万や三好はその名を知っていた。『スパーキー！　敗者からの教訓』という彼の自伝を、野崎は五冊ほど買って、久万や電鉄社長の手塚昌利、三好らに「これ読んでおいてください」

と配っていたからである。

久万は読書家として知られ、野村ら野球監督の本もよく読んでいた。ちなみに、カープの松田元も無類の本好きで、何を読むかということにもよるが、彼らは本から得た知識を重んじる傾向にある。野崎はそこに目をつけた。

——素人の自分が話をしても取り合ってくれないだろうが、本ならオーナーたちも読んでくれるだろう。

彼が芦屋市立図書館で野球関連の本を次々と借りて読破したことは既に述べた。その中に、『スパーキー!』があり、野崎は、スパーキーが大リーグを代表する監督に駆け上がった奮闘記を読んで素直な感動を覚えていた。

——選手としては無名でも、最弱チームを世界一のチームに鍛え上げることができるんや。外様監督でないと、阪神のぬるま湯は変えられへん。

野崎の考えは直感に過ぎなかったが、負け犬根性の沁みついたチームの改革がOBの監督では難しいことは、久万たちにもわかっていたのだろう。OBたちはタニマチに囲まれ、自らもぬるま湯に浸かっていたからだ。

低迷続きの千葉ロッテマリーンズも、この前年の一九九五年、テキサス・レンジャーズ監督だったボビー・バレンタインを新監督として呼び、チームをパ・リーグ二位に躍進させている。タイガースもまた、外国人の大物監督の下で選手を鍛え直し、同時にGM制度を敷いて抜本的に改革したい、と野崎は考えたのだった。

それにタイガースでも、一九七九年に社長だった小津正次郎が、大リーグ出身のドン・ブレイザーを球団初の外国人監督として迎えたことがあるのだ。ブレイザーはデータ重視の米国流「シンキング・ベースボール（考える野球）」を教え、監督二年目に選手起用を巡って球団と対立して退団したものの、「日本の野球を変えた男」と評価されていた。

野崎は、国際渉外担当の山縣修作がデトロイト・タイガースに人脈があり、『スパーキー！』の著者ダン・イーウォルドとも交友があるのも知っていた。だから、三好にスパーキー招聘計画を打ち明け、「あんたはえらい人を知ってまんねんな。どうやって話をつけるんや」と言われたときから、山縣のルートを手繰っていこうと考えていた。幸いなことに、デトロイト・タイガースは阪神の友好球団である。

「彼は交渉可能です」

取締役会で、野崎は言った。

「そんなら、三好社長に一任ということやな」

久万の一言で、スパーキーの周辺調査を進めることになってしまった。

彼が口を開くと異論を唱える者は誰もいないのだ。社長一任ということは、言い出しっぺの野崎らにスパーキーの交渉を任せるということだ。その言葉で座は納まり、午後三時半、三好は球団本部長や広報担当者を従えて球団に戻った。

4

一時間後、藤田が球団事務所に現れ、常務室と一番奥の社長室に挟まれた応接室に入った。細長い事務所にはカメラマンや記者が溢れている。球団広報が虎番たちに記者会見予定を通告しており、記者たちは新聞の早版の締め切りに間に合わせようと、監督解任の予定原稿を書き始めていた。

ところが、いつまで経っても藤田や三好は応接室から出てこない。テーブルをはさんで二人はにらみ合っていた。

「監督をお辞めいただくことになりました。大変ご苦労様でした」

三好が予定通りに切り出すと、「それはオーナーの本心なのか。聞いていた話と違う」と言い出したのだ。

藤田は首位打者を獲得したこともあり、二千本安打も達成した功労者である。二軍監督時代には練習に遅刻した新庄をグラウンドに正座させるなど、厳しい指導をすることで知られていた。奇人という評判もあったが、初めのころは少し変わっているくらいでないと、ぬるま湯のチームは改革できない、と期待されていた。持ち上げられて突き落とされる、藤田の顔から血の気が引いている。

「オーナーは辞めさせるとは言ってないはずや」

「いや、役員会で決まったことです。もちろんオーナーも出席されてます」

一方の三好は電鉄本社で秘書部長や社長室企画調査部長、専務を歴任している。冷静沈着なエリートだったが、藤田の剣幕に気圧されていた。

「そうは聞かされていない。何年もやれとオーナーには言われてる」

そもそも彼は、一年前に監督就任要請を受けたとき、久万から長くやってくれ、という趣旨の話をされていた。一九九五年十月十九日付の日刊スポーツには、〈久万オーナー、長期政権を確約〉という見出しで、こんな記事が掲載されている。

〈阪神の藤田平監督代行（47）は18日、三好一彦球団社長（65）とともに大阪市福島区の阪神電鉄本社に久万俊二郎オーナー（74＝電鉄会長）を訪れ、今季終了の報告を行った。席上、同オーナーは藤田代行に監督就任要請をし、阪神の第26代監督が正式に誕生した。契約期間は1年で年俸は推定7000万円。が、久万オーナーは「5年でも10年でもやってほしい」と監督に伝え、長期政権を確約した〉

そのうえに、藤田は最近、オーナーと面談した知人から、「久万オーナーは辞めろとは言わないはずだ」と伝えられたのだという。だから、彼は「オーナーに聞いてくれ」と繰り返していたのだ。

——なんや、監督はちっとも成仏してないやないか。

途中まで同席した野崎は驚いていた。取締役会の報告とは全く違っている。球団本部長が面談した時に感じたという、監督の「神妙な態度」は誤解だったのか、それとも藤田が態度を一変させたのか。球団本部長は選手出身である。たった一年で全責任を負わされる監督の気持ちが理解できたのかもしれないし、「本心を打ち明けてくれ」と藤田の意向をぎりぎり詰める性格でもなかった。いずれにせよ、詰めが甘かったのだ。

三好は見通しを誤った球団本部長と、リップサービスをしたオーナー、そしてメンツをつぶされた藤田の板挟みにあった。言い合いの末に、三好は応接室を出て、社長室から久万に電話をかけて報告し、確認を取ろうとした。

後で野崎が聞いたことだが、久万はこんな弁解をした。

「わしから辞めろいうことは言わへんけど、タイガースの監督というのはたくさんファンがおって、成績が悪いと辞めなあかんようになる、いうようなことは言うてんねん」

それを伝えに応接室に戻って議論し、藤田の言い分をまた久万に伝える。

「伝書バトみたいやった」と後日、藤田は新聞記者に漏らした。三好は無念さを押し殺して出入りし、何とか納めようとするが、藤田は引かない。

「わしを監督に呼んでおいてなんや。わしは三好さんに呼ばれへんかったら、おとなしゅうテレビと新聞で解説者をしていたんや」

これが広島カープだったら、オーナーの松田耕平や元が、「うちの監督はみんな一年契約なんじゃ」と追い返すところだろうが、三好は穏やかな紳士だった。自分が監督として招請したという引け目もあって、唇をかみしめていた。

「監督してくれと言うから来たのに、このザマは何や」

とまでなじられ、たまらず野崎が脇から口を出した。

「一年契約やないですか。それに……」

「なんやあんたは、野球も分からんくせに」

しかし、何と言われようが、監督更迭は取締役会の決定事項だから動かしようがない。三好はとうとう藤田の求める金銭補償を決意した。野球界では退任した監督に対し、年俸とは別に慰労金を払うことがある。だがこの場合は解任監督への慰謝料であり、手切れ金だ。

監督解任を巡る球団と監督との確執は他の球団でもある。それが表に出ないのは、監督や選手と接する球団本部長たちがさりげなく会話を重ね、その後を処遇したり、金銭面の面倒をみたりするからだった。相手に居座られて、ようやくその必要性に気付くのが当時のタイガースである。

阪神電鉄の元幹部の話を総合すると、今後五年間、毎年三千万円の収入を保証することでまとまりかけた。これにには条件が付いていて、藤田独自の収入を三千万円から差し引いて、三千万円に不足する部分を五年間補償する、という趣旨だった。つまり、藤田に五年間で総額一億五千万円の収入を約束するというわけだ。

これにオーナーの久万が激怒した。

「そりゃ、ダメや。絶対にあかん！」

高すぎるというのである。税務的にも問題があると判断したのかもしれない。報告した三好に告げただけでは心配だったのか、球団で経理を預かる野崎にも電話してきて、「あれはあかんで。一旦ひっくり返せ」と釘を刺した。

久万はカネにうるさく、球団には「裏金も使うな」と口を酸っぱくして言っている。ケチなのか潔癖なのか、多分その両方なのだろうが、すべてを知らないと気が済まない質で、電鉄本社に三好や野崎らを呼び、毎週一度は役員会や会議を開いていた。だが、土壇場でひっくり返された三好は、面目も段取りもつぶれて解決の糸口を見失い、記者室で待つ虎番たちが「どうなっているんや」と迫る。野崎や球団広報がなだめ、それを見た球団の職員たちは浮足立った。

午後十時を過ぎ、午前零時、そして時計の針は午前二時を指し、とうとう九時間半の交渉の末に水入りとなった。

「遅くまで大変やったね」

玄関の三和土《たたき》に立つ艶子は、珍しく心配そうな表情を浮かべていた。帰宅は午前三時を過ぎていた。

インターホンを押すとすぐにドアが開いたから、妻はずっと待っていたのだと知れた。タイガースの常務に出向して以来、記者たちが突然押しかけて来たりするので、モニター付の新型に買い替えている。

「お茶、入れようか」

ああ、頼むわと言って、野崎は次の言葉を飲み込んだ。

――まだ終わっとらんのや。

藤田の罵声をさっきまで浴びていたのだ。長い一日の終わりに、酒を飲まない野崎は居間でとびきり熱いお茶を飲み、熱い風呂に浸かって、もつれた談判を振り返った。

――監督の性格をもっと考えに入れるべきやった。三好社長と監督の直接交渉にしたのもまずかったわ。社長に大変なプレッシャーをかけた。それに社長交渉になって後がなくなってしまった。反省することばかりや。


二時間ほど寝ると、野崎は翌日午前中に、阪神電鉄本社に駆け付けた。監督問題に決着をつける臨時取締役会である。顧問弁護士を同席させ、「藤田監督解任は正当である」という見解を弁護士から引き出したうえで協議に入った。あれこれ議論の末に、「五千万円で手を打とうか」という結論に落ち着いた。

「それぐらいやったらのめる」

と久万が許したのである。それは前日の取締役会の結論とは異なる緊急出費だったが、八千万円前後というタイガースの監督報酬に比べると、まだ安いと判断されたようだ。

これには後日談がある。

二日間に及ぶ騒ぎが「阪神お家騒動」としてスポーツ紙などからさんざん叩かれた後、久万は藤田を呼び、怒るどころか、「そんな暴れたらあかん」と諭したという。

一方の三好は、「こんなこと、ようある話や」と野崎に笑ってみせ、しばらくして再び藤田に会った。そして在阪の民放やスポーツ新聞社に出かけて、「解説者として藤田を復帰させてくれませんか」と頼み込んだ。

さすがに、相手から「あれだけ暴れたら、イメージ悪うてすぐ使うわけにいきませんわ」と断られたというが、それを聞いた野崎は三好の我慢強さにびっくりした。

——社長は汚れ役を引き受けたうえ、そこまでしてやるんか。偉いわあ。

タイガース球団は、良く言えば優しく、悪く言えばお人好しの社風だったのである。

そうした騒動が海外に伝わったわけではないだろう。だが、野崎が藤田に代わる新監督に、と期待した大リーグの通称「スパーキー」は結局、招請に応じてくれなかった。

野崎は半月後に渡米して予備契約を結び、新監督として迎え入れようと考えていたのだが、スパーキーは「妻と余生を穏やかに過ごしたい」と断ってきた。

——阪神にとってはものすごく大《お》っきな賭けやったのに。

社長室から渉外担当が米国の仲介者に電話で確認をした。難しいことがわかると、三好は野崎に漏らした。

「そんなことやと思ったわ」

ずいぶん後になって、野崎は艶子に「スパーキーて知ってるか」と聞いてみた。すると、「それ、なんやの?」という答えが返ってきた。

束の間の夢だったのだ。

FＡの緒方孝市に頼んだ。
「決めたという電話だけは
俺にしてくれるな」

第四章

焼肉丼の味

1

後にカープの監督に就く野村謙二郎には、小さな自慢があった。球界広しといえど、オーナーから追いかけまわされた選手は自分ぐらいだというのである。

それはカープが最下位に終わった一九九三年のことで、オーナーの松田耕平は不甲斐ない負け試合に激怒し、試合後、ロッカールームに怒鳴り込んできた。その話は、窓のない一塁スタンド下の通称「穴倉」で仕事する商品販売部の面々にもすぐに伝わってきて、彼らを驚かせた。

大正生まれの耕平はいつもバックネット裏でカメラを構え、「カープは家族、選手はわしの息子じゃ」を口癖に、選手の姿を撮るのを楽しみにしている。細かな指示を現場に出したり、選手や職員を怒ったりすることはほとんどなかった。商品販売部長の鈴木清明が直接叱責されたことは一度だけで、それも誤解に基づくものだった。だから、その日はよほど虫の居所が悪かったか、選手たちがだらだらと意気地なく見えたのかどちらかだろう、と鈴木は考えた。

野村の著書『変わるしかなかった。』（KKベストセラーズ）によると、耕平は、

「お前がつまらんからチームが弱いんじゃ」

と叫びながら、野村を探してロッカールームに入ってきた。野村は盗塁王や最多安打にそれぞれ三度も輝く人気選手で、二千本安打やトリプルスリー（打率三割、三十本塁打、三十盗塁）を達成する途上にあった。

期待しているから、だらしないとなおさら腹も立つのだが、耕平の怒鳴り声に野村は仰天した。慌てたトレーナーが「ここに隠れとけ」と言って段ボール箱の中に入れ、上からタオルをかけてやり過ごした。

「野村はどこに行ったんだ」

不機嫌極まる耕平の声がする。

「いや、さっきまでここにいたんですが……」

寿命の縮む思いで息を詰めていると、耕平は「あいつにゃあ、シャンとせえって言っとけ!」とぷりぷりしながら出て行った。

耕平はカープの大野練習場に〈練習ハ不可能ヲ可能ニス〉と刻んだ石碑を立てている。それは耕平が学んだ慶應義塾大学の元塾長で、日本の師表と仰がれた小泉信三の言葉だった。前掲の〈わらわれて　しかられて　たたかれて〉の言葉も額装にして、二軍の大野寮ロビーと広島市民球場のオーナー室に飾っていた。

この二つを球団訓に、カープは自前で選手を鍛え、育て上げてきたのだが、耕平が思い描いたようには進まなかった。

結局、一九九三年のカープは八月三十一日から十二連敗を喫してしまった。それは球団ワースト二位の連敗記録だ、と報じられた直後に、監督だった山本浩二は潔く辞任を表明し、二軍監督の三村敏之に翌年からその座を譲っている。

一九九一年に五年ぶり六度目のリーグ優勝に導いたのは「ミスター赤ヘル」と呼ばれた山本だったが、自慢の投手王国が崩壊したために、どん底の阪神タイガースと同じように、カープも長い低迷期に入ろうとしていた。

プロ野球界は、巨人の主導で九三年にＦＡ（フリーエージェント）制度と新人ドラフトの逆指名制度が導入され、いよいよカネの力で優れた人材をもぎ取る時代を迎えていたのだった。

カープはその後も十二球団の中で唯一、ＦＡ制度を活用していない。ということは、育てた選手を一方的に獲られる球団ということになる。

活用しない理由の一つは明快で、カネがないからである。だがそれだけではない。ただのケチ球団なら他球団に先駆けて室内練習場を作ったりしないし、トラブルの多いドミニカに六億円もの投資はしない。ドミニカ・カープアカデミーの看板もすぐに下ろしていただろう。

ほとんど知られていないことだが、耕平は職員を次々に海外へと視察に行かせ、人を育てるための投資を惜しまなかった。鈴木も転職して二年目にドイツやフランスに派遣されている。広島市がドイツのハノーバー市と姉妹都市の提携をした際、広島市当局や地元財界人に同行したのだが、それは彼にとって初めての飛行機であり、海外旅行だった。

直接役に立たなくても、経験そのものが人の幅を広げてくれる、と耕平は考えていた。それ以降も息子の元が考えを引き継いで、職員を毎年のようにアメリカ視察に行かせ、トレーナーも定期的に渡米させて、新しいトレーニング方法を学ばせていた。

あれは、カープが東洋工業という「モノ造り」の会社をルーツにした球団だからではないか、と鈴木は思っている。

車は車体、エンジン、安全装置などを研究開発し、部品一点一点を積み上げて製造していく。自分の頭で設計、企画、宣伝し、手作りの試作車から始めて、独自のものをコストと質にこだわって量産へとつなげていくのだ。

――カープ球団が選手の手作り、つまり「育成」と「唯一無二」という世界観にこだわるのは、車と同様にその中にこそ、会社とそこで働く自分たちの存在価値が見いだせるからだ。それに選手やチームに対する愛着もわくというものだ。野球の楽しみは、手塩にかけて育てるということではないか。

後任監督の三村は広島商業高校出身で、耕平の思想に沿った育成型の人物だった。選手時代には「いぶし銀」と称された守備の名手で、引退後もカープで二軍守備走塁コーチから一軍守備走塁コーチ、三塁ベースコーチ、二軍監督と順番に指導者の道を歩き、選手を褒めて育てる術《すべ》を身に着けていた。

彼は一流の選手を厳しく鍛えるだけでなく、特別な素質がなかったり、不器用だったり、努力が長続きしなかったりする二流の人間に対しても、「組織に欠かせない人材にはなれる。必要とされる役割を探せ」と諭して「超二流」の生き方を教えた。

例えば、ドラフト一位入団の野村には「今のお前の力なら広島を通過する新幹線だって止められるぞ」と持ち上げる。一方、日本ハムファイターズからトレードされてきた木村拓也には、その小力《こぢから》を肯定する言葉を掛けた。こちらはドラフト外の入団である。

木村はそれまで、コーチから「お前の体ではバットを長く持っては打てない。いいから短く持て」と言われていた。彼は身長が百七十三センチだから、プロとしては小柄だが、バットの芯に当てる技術や小力には自信を持っていた。だから、頭ごなしに「短く持て」と言われても、何を言ってるんだと思って、コーチの助言など聞かなかった。

ところが、カープ監督の三村は、一九九四年オフに移籍してきた木村のバッティング練習をじっと見ていた。ある日、こう言った。

「タクヤ、短く持っていてもお前の力で芯に当てれば、五〇%はスタンドにいくぞ」。そして笑顔で「大丈夫だ、届くから」と付け加えた。

それで僕は心を決めたのです、と私に打ち明けたことがある。余談だが、木村は私の母校・宮崎南高校の後輩である。

木村の話によると、「バットを短く持て」と言われていることに変わりはない。だが、従前のコーチたちの言葉は「それでは打てない」と否定するところから始めたのに対し、三村は選手の力を肯定する言葉から始めた。強情な野球人にとっても、言葉は鉄拳のような力を持つことを知っていたのだ。

当時のカープには、盗塁王の緒方孝市、トリプルスリーの野村、本塁打王と打点王の二冠を獲得した江藤智《あきら》、鉄人・金本知憲《ともあき》、「天才」と呼ばれた前田智徳ら強打者が揃っていたが、木村は三村の指導をきっかけにバットを短く持って、自分の役割を見つけていった。

こうした一流と超二流の打者たちを育てて、三村は七度目のリーグ優勝を目指したのだが、懸案は弱体投手陣の再建だった。

一九九一年の優勝時に十七勝を挙げた佐々岡真司はセットアッパーへ転向し、晩年の大野豊は抑えに回っている。「炎のストッパー」と呼ばれた津田恒実は九三年に脳腫瘍で亡くなり、かつてのエース・北別府学は九四年に引退した。先発の柱の一人で「巨人キラー」の異名を取った左腕の川口和久はその年のオフに、なんとその巨人にFA移籍してしまった。

ところが、耕平やオーナー代行だった元は、球界を驚かせる秘策を抱いていた。鈴木はその尖兵である。

2

カープがマウンドに送り出したドミニカ人投手は、秘密兵器らしく、「106」の赤い背番号を背負って、タイガース打線をきりきり舞いさせていた。

百八十五センチの体を鞭のようにしならせ、長い腕から大きく曲がり落ちるスライダーで和田豊や新庄剛志のバットに空を切らせた。最速百四十七キロの速球は芯を捉えられても飛ばなかった。

阪神甲子園球場に詰めかけた二万四千人の観客はびっくりした。タイガースの選手たちも同じ思いだったに違いない。初登板、初先発の見たこともない新人なのである。一九九五年四月十二日のことである。今では一軍選手の背番号は二桁までと決まっているので、漫画のような100番台選手の活躍は、もう二度と見ることができない。

阪神打線は九三振、わずか四安打にねじ伏せられ、完封負けを食らった監督の中村勝広はうめくように漏らした。

「手も足も出なかったな」

翌日の朝日新聞は、ロビンソン・ペレス・チェコという二十三歳の投手デビューを、〈「ドミニカの新星」初登板で阪神手玉〉と書いた。

「これはアカデミーの勝利です！」と、チェコがインタビューで絶叫したと聞いて、鈴木は誇らしく思った。チェコは、鈴木が建設に汗を流したドミニカ・カープアカデミーの育成選手なのである。

それにチェコと契約を交わしたのも、〝なんでも屋〟の鈴木だった。鈴木はキャンプ地の宮崎県日南市に通訳を連れ、スペイン語の統一契約書を持って行った日のことを思いだした。

カープは前年の九四年には、ドミニカ選手育成システムを作り上げていた。

若く貪欲なドミニカの選手を選んで、台湾プロ野球の提携球団である「時報イーグルス」に次々と留学させ、そこから日本に還流させるのである。台湾留学は実戦経験を積ませるためだ。台湾球団からすると安上がりな補強ということになり、日本のスポーツ紙はこれを「選手レンタル」と報じた。ドミニカにカープアカデミーを開校して五年目だった。

第一号の成功例がチェコである。彼はその後も勝ち星を積み上げ、選出されたオールスター戦でもイチローを空振り三振に切って取った。その姿を見て鈴木は、これがマウンドでおどおどしていたあの選手なのか、と目を見張った。

もともとチェコは一九九三年にドミニカから広島に来て選手登録までされたのだが、コントロールが悪く、登板させる機会もないまま一年を過ごしていた。それを取締役育成部長の阿南《あなん》準郎《じゅんろう》が手を引くように台湾に連れて行くと、いきなり七勝を挙げ、現地のスポーツ紙に大きく取り上げられた。派手なガッツポーズも人気を集めたらしい。

――台湾提携が大きな光を生んでくれた。

鈴木はそう思った。日本よりもレベルの低い台湾の野球を見て、経験の乏しい若者のなかに余裕が生まれ、見下ろしながら投げたことで急成長したのだ。

鈴木たちはその年にチーム最多の十五勝を挙げたチェコと、ドミニカ・カープアカデミーを起点とする選手育成ルートに大きな期待を抱いた。

会社や組織が競争に臨むとき、競合他社を圧倒する強さを「コア・コンピタンス（core

competence)」という。「トヨタ生産方式」がその例として挙げられるが、このドミニカ－台湾ルートも、他の日本球団が真似のできない育成システムだった。球団の戦略を指し示す、大きなシステム作りこそがフロントの仕事なのである。

カープはこのシステムを構築するため、ドミニカの施設建設に約六億円を投じ、日本人コーチや担当者をドミニカに駐在させたうえで、維持費として毎年約一億円の資金を費やしていた。阿南は一九八八年までの三年間、カープの監督を務めた功労者だが、元たちはその阿南をもドミニカのアカデミーや台湾へ送り込み、現地で選手指導に当たらせていたのだった。

元は読売新聞のインタビューにこう答えている。

「これまでアカデミーに投資した金額は約十億円。そういう意味では、チェコはいま、十億円の選手。今後二人目が出れば五億円、三人目が出れば三億三千万円になるんだけどね」

ところが、そう上手くはいかなかった。

始まりは、「カリブの星」「カープの救世主」と持ち上げられていたチェコが八月末に先発を拒否したことだった。チェコは年俸四百八十万円プラス出来高払いという契約だったが、年俸が低いことに強い不満を抱き始めていた。

チームの説得でそのときは渋々登板したものの、やり手の代理人として知られるダン野村がチェコに付いていることが報じられ、そのダンが「チェコ投手が訴えるカープの人種差別」と題する手記を文藝春秋十月号に発表したことで、騒ぎに火が付いた。

その手記のなかで、ダン野村は「チェコが統一契約書にサインしていないと言っている」「カープは彼らのパスポートを取り上げている」と主張したうえで、奴隷契約を強いられた、と批判した。彼はヤクルト監督だった野村克也の息子で、野茂英雄の大リーグ入りを仲介した剛腕代理人である。日本球界で彼は「ブローカー」と呼ばれたが、日米の契約事情を熟知した理論家でもあった。

物事は球団側から見るのと、選手側から見るのでは、プリズムを覗くように全く違う景色が見えてくる。ダン野村は、十年も同じ球団で勤め上げなければ自由になれない選手保有権制度の理不尽さを突き、代理人制度すらなかった日本球界の後進性を痛烈に叩いた。こうした批判はむしろ日本球界全体に向けられており、その一部は少しずつ改められていくのだが、彼の手記には、チェコの統一契約書のサイン偽造を指摘した部分など、明らかな事実誤認が含まれており、家族主義を取ってきたカープとチェコとの関係は一変した。

元や鈴木には、ドミニカで発掘し、研修生を台湾に留学させて一人前に育てたという自負がある。契約も日本球界では問題なしとされていた。これに対し、チェコとダン野村には、そもそも球団との関係が隷属的で不平等だという不満がある。外国人出場枠という壁があるうえ、アカデミー出身者と他の外国人とでは待遇も違うからである。それにカープとの契約は一九九九年まであって、メジャー球団から打診があるのに移籍もままならない。

やがて騒動は法廷闘争に発展する。カープは、チェコが他球団と契約交渉することなどを禁止する仮処分申請を広島地方裁判所に提出し、信用を失墜させたダン野村を相手取って一億円の損害賠償を求める訴訟を起こした。

「カープアカデミーの優等生」と報じられた若者は、「トラブルメーカー」と呼ばれるようになったのだった。

シーズンオフにはメジャー行きを強く望んでさらに事態をこじらせた。そして翌年は再三、けがを訴えてわずか四勝に終わり、オフにレッドソックスに去っていった。

この一九九六年にカープはシーズン中盤まで首位を走り、巨人に最大十一・五ゲーム差を付けていた。それなのに四番の江藤が負傷し、野村も故障して中盤戦でひっくり返され、巨人の「メークドラマ」の引き立て役に終わっている。巨人と違って、投手や主力に代わる選手層があと少しだけ薄かった、と三村は言った。チェコのことは振り返らなかった。

だが、鈴木はチェコが一年間投げていれば、メークドラマはなかった、といまも思っている。そして、三村は優勝を経験していただろう、とも。三村は悲運の監督だった。

その翌々年の一九九八年には、アルフォンソ・ソリアーノが球団提示の四倍の年俸を要求し、年俸調停問題に発展したうえ、メジャーに流出した。彼もカープアカデミー出身で、期待の星だったのである。後にヤンキースやレンジャーズなどで俊足の強打者として大活躍し、カープ球団やファンを悔しがらせた。

それからも、アカデミーをめぐる苦闘は続いた。

ソリアーノが去った後のことである。カープアカデミー出身の六人の研修生が、来日二日目にストライキを始めた。先輩選手は月十万円の滞在手当が支給されているのに、自分たちは半分しかもらっていない、というのである。

「何を言っているんだ。先輩たちは一年も滞在して契約が有望視される選手じゃないか。来日したての研修生では立場が違うだろう。君たちも衣食住は約束されているよ」

二軍の担当者が通訳を介して突っぱねると、「練習しない」と言い出した。

「それなら帰国させるしかないよ」

そう通告して、ストを続けた三人を、鈴木が成田空港まで引率した。

空港のＪＡＬカウンターでチェックインの手続きをしているときのことだ。一人が上着を脱ぎ棄てて走り出した。前夜に宿泊した「品川プリンスホテル」のレストランで食べきれない量の注文を出したり、リムジンバスに乗りこむと大声で歌って騒いだりした若者だ。

「あーっ」

「ダメだ」

不法滞在を許すことになる。ターミナルを走る彼を、球団職員が追いかけた。捕まえて搭乗ゲートに突き出す。大暴れの研修生は鈴木と目が合うと中指を立て、スラングをわめきたてた。

「野球しに来たのと違うんか！」

鈴木も指を立てて叫んでいた。そのときになって、空港中の視線が自分たちに注がれているのに気付いた。

後で聞くと、その研修生はドミニカでも暴れた。出迎えた職員を怒鳴りつけ、ごみ箱を蹴って騒ぎ、警察が駆け付ける事態になったという。

ドミニカから選手を日本に連れて来る途中に逃げられたこともある。鈴木は広島で電話を受けた。

「鈴木さん、逃げた！」

「はあ？」

何のことか分からなかった。

「選手が三人とも逃げた。ニューヨークのトランジットホテルです」

来日したかったのではなくて、経由地のアメリカで隙あらば逃げてやろうと思っていたのだ。

その後、一人は捕まり、一人は暗黒街で射殺されたと聞いた。残る一人は行方不明だ。

それでもカープアカデミーを捨てないのは、彼の地が選手発掘の宝庫であり、自分たちで種をまき、育てていったプロジェクトだからだ。

——選手トラブルは乗り越えていくしかない。

鈴木にそう思わせるほど、選手の能力は優れていた。球団経営が苦しくなっても、カープはメジャー球団にアカデミーの一部を貸したり、規模を縮小して投手に特化した運営に切り替えたりしてしのいだ。

だが、これらの出来事を通じて、切り札の彼らが諸刃の剣になりうることもわかった。やはり、日本人選手の育成を基本に、カープアカデミー選手の養成と、米マイナー選手の発掘の三つを組み合わせて、チーム作りを進めるしかないのである。つまり、総合育成球団こそがカープの道ということになる。

3

球場下の「穴倉」で仕事に追われているうちに、夏はとうに終わっていた。鈴木は営業企画部長兼商品販売部長に就いて、二年目を迎えている。

穴倉の前の通路を、看板打者の緒方が通りかかって、鈴木に挨拶した。そこは選手がこっそりと帰る道なのである。

「おっ、鈴木さん、ご苦労さんです」

「今年は大変やったなあ」

監督が達川光男に代わった一九九九年も、カープは阪神と最下位争いを演じ、夏場には球団記録タイの十三連敗を喫したのだ。そのなかにあって、緒方は自身初の三割三十本塁打（三十六本）を記録し、五年連続五回目のゴールデングラブ賞を受賞したうえ、ＦＡ権を取得している。孤軍奮闘の彼が巨人に移籍してしまうのではないか、とスポーツ紙は報じていた。

緒方は十年前に鈴木に引率され、バージニア州の独立リーグ「ペニンスラ・パイロッツ」に野球留学をしている。そのとき、鈴木は彼らの通訳兼運転手を務め、さらに朝昼晩と緒方たちの食事を作って世話をした。以来、年の離れた友達のような関係にある。「ちょっと」と会議室の隅に呼び込み、話し込むことも度々あり、一九九六年に緒方がタレントの中條かな子と結婚したときには、式の受付に座っている。

一匹狼というほどではないが、二人とも群れる質ではなく、なんとなくウマが合うのだ。留学中に二人で巨大テーマパークの「ブッシュガーデン」に遊びに行ったこともあり、日本だと誤解を招くなあ、と思ったものだ。

鈴木は緒方の顔を見て、元の言葉を思い起こした。そりのあわない時期だったが、「おい、頼むわ」と元は遠慮がなかった。

「阿南さんが江藤をやる。緒方はお前が慰留しろ。江藤はしょうがないにしても、緒方は絶対に残せ。あれはなんとしてもカープに必要な男なんじゃ」

チームの編成は取締役育成部長から取締役球団部長に就いたばかりの阿南が担当している。慰留交渉は彼の仕事だが、お前は緒方と親しいから交渉に当たれ、というのである。それもまた、なんでも屋の仕事だった。ドミニカ選手のトラブルの後だったから、元の焦りはよく理解できた。

阿南が担当する江藤とは四番打者の江藤智のことである。一九九五年に本塁打王と打点王の二冠に輝いた広島の主軸打者で、緒方とともに九九年にＦＡ権を取り、こちらも巨人から秋波を送られていた。

緒方は絶対に残せ、と元が言うのは、十八歳で入団したころから見ており、野球留学させたりして才能を花開かせたという思いがあるからだ。武骨で生真面目なところもよくわかっていた。鈴木や記者たちに、元はこんな話をしている。

「緒方は生真面目なものを捨てん。わしは弱気なんで、今でも試合をみていられんのじゃが、あいつはくそ真面目なんじゃけえ。九州の佐賀でお母さんから、きっちりせにゃいけん、としつけを受けておる」

球団経営に携わる者が選手の好き嫌いを言うのはご法度なのだが、明らかに緒方が好きだったのである。

緒方は浪花節を地で行くようなところがあった。大学への進学かプロ入りかで悩んだとき、母親の孝子に相談した。すると彼女は、「男なら自分で決めなさい。あなたの人生だから」と言ったという。

その孝子はがんで亡くなっている。プロ九年目の緒方は病院に駆けつけて、ベッドの母の両手を握りしめた。それから彼はレギュラーに定着し、三年連続の盗塁王になった。その成長を見た監督の三村は「緒方の母は緒方を二度生んだ」と言った。

そして一九九九年に野球人生の頂点のところで、自由になる権利を得たのだった。

鈴木は、緒方が巨人監督の長嶋茂雄に声をかけられていることをよく知っていた。ＦＡ移籍のことも、元に頼まれる前から話し合っていて、巨人移籍に大きく傾いていたのもわかっていた。

「八、九割はもう決めてます」

そう漏らしたからだ。鈴木は、一つだけ約束してくれ、と言った。

「決めるのはいいけど、決めた、と言うなよ。決めたという電話だけは俺にしてくれるな。何度も言うけど、決めようという段階で言ってくれ。決めますから、と電話してくれよな」

それから何度も決めかけていたのだが、その都度呼び出しては、

「もう一度だけ話を聞いてくれ」

と言っては押し返していた。そして、最後に緒方が、私はもう決めようと思います、と言い出した。男の約束は守ったのだ。鈴木は、

「ちょっとうちに来てくれ」

と自宅に呼んだ。

これまでは利害関係がなく、派閥を作らない似た者同士だった。だから、穴倉の通路のそばで言いたいことが言えたのだ。

「現実にはそんな簡単に優勝できんですよねえ。戦力ないし」

優勝の夢を選手が語り、「ああ、そうだなあ」とサラリーマンの鈴木が思う。すると緒方が言う。

「うちは金がないんだから、ないならないで猛練習をする。そうせなしょうがないでしょ」

そんな二人がひざ詰めで交渉をしなければならない。

鈴木は長男が生まれ、家を新築したばかりだった。選手との大事な交渉事は、どの球団もホテルや高級レストラン、料理屋で行うのだが、鈴木は自宅なら新聞記者にも見つからないと思った。元からは残留条件は何も聞かされていない。それで引き留めろ、というのだ。

その日は休日だった。居間のソファに座って、鈴木が「残ってくれ」という話はしたものの、引き止めるための話し合いにはならなかった。彼の口から巨人が年俸一億円の緒方に三年で十億円出すと打診しているとは聞いたが、鈴木はカープの慰留条件を持っていなかった。

緒方も聞こうとしなかった。

「すまん。俺は、条件金額は聞いていないんじゃ」

と、鈴木は正直に打ち明けた。

緒方は佐賀県立鳥栖高校の出身で、三年生の夏も全国高等学校野球選手権佐賀大会でベスト4に終わり、甲子園には出場していない。一九八六年のドラフト会議でカープの三位指名を受けたが、契約金は三千万円、年俸はわずか三百六十万円だった。

入団後も厳しい練習や手を抜かないプレーのために怪我が多く、その不運を地味な努力でしのぐ人生を歩んできた。巨人への移籍はそれを一挙にひっくり返す、日の当たる道だったに違いない。

だが、頑固で誇り高い、葉隠の里の気性がそうさせるのだろう。緒方は鈴木の家で条件や金目の話はせず、ただ自分の野球観や、カープという球団を将来どのようにしたらよいのかについて話し続けた。

「あのピッチャーは獲ってくださいよ」とか、「今のチームのままではだめですよ」と時々、交えた。鈴木はそれに「うん、うん」とうなずいた。野球談議だった。

あっという間に三時間ほどが経った。昼はとっくに過ぎ、腹が減ったので、冷蔵庫に取っておいた肉で妻に焼肉丼を作ってもらい、二人で食べた。それで終わりだった。それが唯一、彼と二人きりで食べた食事だ。

結局、緒方は翻意してカープに残留し、江藤は長嶋巨人に迎えられた。江藤はその長打力と周囲を和ませる笑顔で傾きかけた巨人打線を支え、緒方は再三の怪我や死球などの負傷に見舞われながら、その後十年間、カープの看板打者として活躍した。というより、もがき続けたというべきかもしれない。その先に監督としての苦しみと歓喜の日々が待っていた。

鈴木はあのころのことをよく聞かれる。

周囲の説得があったかもしれないし、緒方の妻のかな子が広島出身ということも大きかったのかもしれない。そのあたりのことはぼんやりとして、記憶のかなたに消えようとしている。

覚えているのは、緒方がしばらくして電話をくれたことだ。

「鈴木さん、わかりました。もう、いますから」

広島市民球場の正面でその声を聞き、明るい空を仰いだ。その瞬間のことはいまも忘れない。

残留交渉を潜り抜けた鈴木は翌年五月、元から新たな仕事を言い渡された。営業企画部長兼商品販売部長に加えて、「球団部長もやれ」というのだ。

とうとう三刀流である。

カープでは前述の阿南がその三月に、常務取締役球団本部長に昇進し、編成部門の統括とともに連盟担当も兼ねることになった。メジャーリーグで言うGMである。鈴木はその補佐をやるのだ。

阿南は選手や監督を務めているから、選手の獲得から育成に至るチーム作りには長けている。カープアカデミーや台湾球団との提携についても熟知していた。問題は連盟担当である。

日本のプロ野球は、十二球団が結ぶ特殊なプロ野球協約の下に運営されていることはすでに述べた。各球団はこの協約の下、それぞれ「連盟担当」と呼ぶ役員を、日本野球機構の実行委員会に送り込み、毎月、試合ルールや選手獲得、ドラフトのあり方などについて協議している。国会で言えば議院運営委員会のようなものだ。弁護士も二人出席し、選手会との懸案も山積みだった。

その議論によって野球やドラフトのルールががらりと変わるから、これは重要任務である。ぼんやりしていると、こすっからい他球団の連盟担当にしてやられかねない。一度決定してしまうと、年二回のオーナー会議でこれをひっくり返すのは容易ではない。

阿南のそばに付いているときだった。

「鈴木よ、俺は分からん」

と彼は言った。

「実行委員会で、みんなが話してるその議論がよう分からんのだ」

「しょうがないですよ。私がいまグラウンドで『プレーをしろ』って言われてもできないのと一緒です。ずっと野球人で、いきなり実行委員会に出て行って、何を議論してるか分からないのは、むしろ当たり前ですよ」

鈴木はそう答えた後、なんと謙虚な人なんだろう、と胸の奥をぐっとつかまれるのを感じた。

阿南はかつての優勝監督という勲章を下げている。七〇年代後半から赤ヘル旋風を巻き起こした監督の古葉竹識は、「耐えて勝つ」を信条としたが、阿南はその弟子で、ひたすら忍び勝つ野球を信条に、三年間監督を務めた。一九八六年には巨人との最大五・五ゲーム差をひっくり返して、リーグ優勝を成し遂げている。

選手の信頼も厚いその人が、十七歳年下の部下の方を向いて、わからないことをわからないという正直さに驚いたのだ。

選手出身の連盟担当は他球団にもいるし、親会社から出向したサラリーマンの連盟担当でも、一九九三年から実施されたFA制度やドラフト制度など、複雑な曲折を経た議論についていけない者もいたはずなのだ。

阿南は温厚で野球人というよりは、細面の、いつも頭を低くした常識人で、サインを求められると、「忍」と一文字したためた。グラウンドでは内野のどこでもこなしたが、逆に言えば常に十番目の選手であって、守備力と器用さで対応し、生き延びてきた。三塁に故障者があればそこに回り、二塁手や遊撃手が求められれば、その穴を埋めて役割をこなした。それを「穴埋め人生」と書いた新聞記者もいる。

その人がいま連盟担当の穴埋めを求められて、守りにつこうとしていた。鈴木は「実るほど頭を垂れる稲穂かな」という言葉を思い出して、この人に学んでいこうと思った。

FAやドラフト制度以外にも、球界では選手の契約更改時に代理人の同席を認める代理人交渉制度が運用されようとしていた。ダン野村が日本球界に向かって、「代理人のどこが悪い！」と叫んでから五年が過ぎていた。球界は圧倒的な巨人支配体制が少しずつ崩れ、曲がり角を迎えようとしている。

その実行委員会には、阪神タイガースから野崎勝義が鈴木より早く連盟担当として出席していた。三百十キロ離れた二つの球団で、それぞれに改革を目ざす鈴木と野崎の人生が交錯しようとしていた。

虎番記者は仰天した。
「球団でクーデターが起きた」

第五章

下剋上人事

1

夢から覚めると、代わり映えのしない阪神の現実が待っていた。

どん尻に終わった藤田平に代わって、タイガースの新監督に担ぎ出されたのは、三好と交友のあった「よっさん」こと、吉田義男だった。常務の野崎が画策したスパーキー新監督構想が泡のように消えた後には、手近なOBを選ぶしか手がなかったのである。

吉田は「牛若丸」と呼ばれた阪神生え抜きの名ショートで、三度目の監督就任である。最初は四十二歳で、二度目は五十二歳で、そして今度は六十四歳で指揮を執ったが、野球のフランス代表監督を務めて「ムッシュ」と呼ばれ、すっかり丸くなっていた。

「野球は気合でっせ」

と口と威勢は良かったのだが、選手が非力であっさりとこけた。一九九七年五位、九八年はまたもや最下位である。

吉田は一九八五年に二十一年ぶりのリーグ優勝を果たし、日本一にも導いたが、今回は最下位だった八七年に続いて再び「黒星地獄」に堕ちる屈辱を味わった。球団のサラリーマン役員たちもただでは済まない。猛烈な久万の怒りにさらされた。

二百万人を目標にしていた甲子園球場の年間入場者数が、近年最悪だった藤田監督時代より十二万一千人も減って、百四十六万三千人に落ち込んだからである。吉田を引っ張り出して最下位に終わった三好は事実上の解任、選手出身の球団本部長と編成部長の取締役二人も退任に追い込まれた。

確かに、三好やその下の球団本部長たちにＦＡやトレードをめぐる失敗が目立ったのは事実である。三好は好人物だったが、彼の球団社長時代には、オリックス・ブルーウェーブにトレードに出した野田浩司が十九奪三振という日本記録を作ったり、阪神から移籍していったトーマス・オマリーがヤクルト日本一の立役者になったりしている。しかし、勝てない理由はそれだけではない。

ダメ虎の真の責任は、カネと裁量権を握る阪神電鉄本社と会長兼務の久万にあるのではないか、と野崎は思い始めていた。それを象徴する場面があった。三好解任の十八日前に開かれたチーム編成会議である。

三好は出席した役員や監督の吉田、ヘッドコーチを前に頭を下げた。そして、期待していた中日ドラゴンズとのトレードが不可能になったことを淡々と告げた。

「前回までの会議で、うちの補強ポイントである捕手の補充と打線の核となる選手を獲得しようと、三対二のトレードが持ち上がっておりました。しかし、本社に伺いを立てたところ、本社役員の間から反対の意思表示があり、断念することになりました。これから次善の策を講じることになります」

野崎はがっかりした。

——本社幹部が反対すれば現場の議論は無駄になるんか。それでは合理的な編成などできるわけがあらへん。

トレードは、タイガースで低迷していた外野手の桧山進次郎を出し、ドラゴンズの正捕手・中村武志を獲得することを主な狙いにしていた。確かに、桧山は人気選手で、本社の役員から「そのトレードは猛虎ファンの反発を招く」と異論が出たというのである。

ここに現れた問題は、補強について素人だらけの親会社に伺いを立てなくてはならないという構造である。タイガースは捕手不足に長い間泣かされ、それを補強しようとしているのに、球団にはどうにもならないのだ。そのうえ、球団の無力があからさまになったことで、現場の信頼も失ってしまった。

「トレード話が壊れてしまったが、監督はチームを変えていくためにどうすればよいと思っているんですか」

野崎が尋ねると、吉田は不機嫌そうに言った。

「外国人選手と投手力の充実がチーム構成の柱と考えています。現在のメンバーには核になるような選手がいません。脇役ばかりで戦ってるようなものです」

こんな戦力で戦えという方が無理や、という調子である。

間に挟まった三好も悔しかったに違いない。それでも言い訳を口にすることなく、球団を去っていった。

残された野崎たちには差し迫った問題があった。またもや次期監督の選任である。

野崎は常々、久万から「次の監督のことを考えておけ」と言われていた。彼は当初から外様監督招聘論者で、次のような私案をまとめていた。

①勝ちを狙えて、選手に野球を教えられる監督を選ぶ。
②三年契約または五年契約とし、年俸は一億二千万円、リーグ優勝で三千万円、日本一になればさらに三千万円のボーナスを付ける。
③二人までコーチの帯同を認める。
④単身赴任の場合は、ホテル滞在費を球団が負担する。

これは監督年俸だけを取っても、歴代に比べて四千万円も高い、阪神としては破格の条件である。

吉田監督の辞任が決定的になった秋口には、NHKの知人に次期監督の相談をしていた。元巨人監督の藤田元司や、元西武ライオンズ監督の森祇晶《まさあき》が来てくれたらな、と野崎は思っていた。

ところが、久万はなかなかのタヌキだったのである。

彼は阪神電鉄の金庫の扉を開ける決断を固めていた。翌年の赤字決算は目に見えている。大金を積んでも、客の呼べる大物監督を招こうとしたのである。

夏の終わりには、会長秘書でもある阪神電鉄秘書部長に命じて、ヤクルトスワローズ監督を退任する野村克也に打診を始めていた。それは、タイガース球団にも内緒の招請工作である。その一方、タイガース球団には、吉田に対して監督契約満了を伝えるように指示していた。

どうもおかしい、と野崎も思ってはいたのだ。

「わしには詳細に報告を上げろ」とやかましく言っていた久万がオーナー報告をあまり求めなくなり、監督問題についても何も言わなくなっていたからだ。

久万はスポーツ紙の虎番記者、とりわけ、「フセイン」や「ゴキブリ」と呼ぶ名うての記者を自らの情報源としている。

そのとき久万は、「フセイン」から「野村さんがタイガースに来てくれるかもしれませんよ」とささやかれていたという。

野村は史上二人目の三冠王であるばかりか、ヤクルトの監督としても九年間に四度のリーグ制覇と三度の日本一に輝く名将である。他球団が放出した選手をよみがえらせ、大型補強の巨人に対抗する手腕は、「野村再生工場」「ＩＤ（Important Data）野球」とも呼ばれ、久万は野村が出版した本を読んでは、

「野村って監督は、ええこと言うてるな」

と漏らしていた。

水面下の交渉が進んで、「ノムさんでいこか」と久万が決断した後、野崎は「フセイン」ら

に食い込まれていることを確信した。久万が、

「あいつは役に立つからちゃんとしとけ。礼を言うとってな」

言い含めるように告げたからである。その前後からオーナーや本社に報告したことをしばしばすっぱ抜かれた。だが久万を問い質すわけにもいかない。記者としては敏腕ということなのだが、球団からすればやりにくくて仕方ない。

やがて、「フセイン」は、「越後屋」と呼ばれるようになった。

「あれはごっつうワルですよ」。球団職員が苦々しげに言い出したのだ。オーナーを代官に見立てれば、「おぬしもワルよのう」と言わせる、あの越後屋である。

彼が特ダネを取れば、「ゴキブリ」や他の記者も黙っていない。タイガースの「与党」、あるいは「野党」と呼ばれる二派の虎番が入り乱れ、それを煽るノムさんの毒舌が始まろうとしていた。

2

川上哲治《てつはる》は、巨人を一九六五（昭和四十）年から九年連続日本一に導いた不世出の監督である。王貞治、長嶋茂雄を筆頭に圧倒的な戦力を抱え、球団の豊富な資金力をバックにしていたが、「たまに優勝するのではまぐれだと言われてもしかたない」と語ることのできる唯一の監督で、十四年間に及ぶ非情な采配で「鬼」と言われた。

その川上が一九六三年五月、富山での広島戦を終えて帰京するなり、読売新聞社社主で巨人オーナーの正力松太郎に呼びつけられ、こっぴどく叱責された。

川上が執筆した『遺言』（文春文庫）によると、大量点で勝っていた試合をひっくり返され、むかっ腹を立てた川上は若い投手を続投させた。それを正力は見逃さなかった。正力は言った。

「お前は試合に私情を混じえた。わたしはお前をそういう男には見ていなかったので監督にしたんだ。（中略）失敗も許すが、この精神を無視した試合をしたら、この次はクビだ」

「打撃の神様」とも呼ばれた監督を呼びつけ、説教する権力者がその上にいたのである。

以来、川上は何事にも私情を混じえないことを誓った。

彼が九十三歳で亡くなる四年前に、私は便箋五枚の分厚い封書を川上から受け取っている。当時の私は巨人の球団代表の職にあり、補強の一方で、選手育成を組織の核となる新たな強み（コア・コンピタンス）にしたいと、この人にチーム編成や育成手法について助言を求めていた。

正月に、川上から届いた手紙の最後にはこう記されていた。

〈成功する為には、一心不乱で事になりきり、やり遂げること、結果に囚われずやること、仕事にも勝負にも大局に立ち、私情を入れぬことだ〉

常勝球団であるには必須の条件がある。その一つは、その球団が真似のできない強みを持ち続けているか。そして球団やチームを率いる者が、心底からナンバーワンの座を渇望しているかどうかだ。

川上は王貞治や長嶋茂雄を擁して、補強策も取り入れながら、いち早く、大リーグのドジャースからスモールベースボールを導入した。一時的な成功に飽き足らず、他の球団に先んじて先進の戦法を導入しようと努めていた。コア・コンピタンスは常に新しいものに取って変わられることを意識しない限り、時代遅れのものになりかねない。

経済界には、ユニクロ創業者の柳井正のように、「成功は一日で捨て去れ」と言って、イノベーションや社内改革を続ける人物がたくさんいる。彼は著書にこう記している。

〈仮に成功の方程式のようなものがあって、あらゆる現象を分析してそれを作れたとしても、一瞬の間に周りの状況が変わるので、その方程式もすぐに使い物にならなくなる。常に現実で起きていることを自分の感性で見て判断し、かつ論理的・分析的に進める。その二つの総和と統合が必要なのだ〉（『成功は一日で捨て去れ』新潮社）

川上と正力の関係に対して、野村と久万のそれはかなり異なっている。出会ったときに野村がすでに名将と呼ばれていたこともあるが、説教をするのはオーナーではなく、むしろ野村だった。

野村がタイガース監督に就いて二年目の二〇〇〇年七月十七日のことである。野村が宿舎とするホテル「ザ・リッツ・カールトン大阪」三〇〇六号室で、彼は久万と向かい合っていた。久万の隣には、オーナー代行で阪神電鉄社長の手塚昌利が座っている。

一年目の野村阪神は最下位に終わっていた。それでも野村への期待から入場者総数は前年より六十二万一千人も増え、二年ぶりに二百万人を突破している。それもあって、六月末に開かれた阪神電鉄の株主総会では、手塚が契約通りに三年目も続投と明言していた。

ただ、二年目も選手は踊らず、七十九試合が終わって三十四勝四十四敗一分、またもやどん尻である。タイガースＯＢや評論家たちはここぞとばかりに野村の采配を責め、行方には暗雲が垂れ込めている。

野村に批判的で「虎番野党」と見られているスポーツニッポン紙は、〈株主総会で「野村監督続投」〉〈えっこの時期、この成績で⁉〉という見出しを立て、早くも解任と騒動を期待する書きっぷりであった。

「不甲斐ない成績で、非常に心苦しいです。昨年と同様に外国人頼りのチーム成績です」

野村は会談に入るなり頭を下げ、

「いま、今シーズン終了後における自分の出処進退について考えています。二年連続最下位になると熱狂的なファンが許してくれないと思います」

と続けた。一年目が惨敗に終わったころ、野崎たちに「このチームはわしではあかんな。選手が言うことをきかんわ」と漏らしていたこともあり、久万たちはまあまあ、となだめにかかった。ここからが野村の真骨頂である。まずは、ぼやきと回顧談——。

「残念なことは、選手一人一人の気持ちの持ち方です。先制点を取られると受身になってしまい、反撃できずに試合が終わることが非常に多い。藪恵壹《やぶけいいち》や湯舟敏郎が代表するように、強いチームと対戦しピンチを迎えると、マウンドでオロオロしているように見受けられます。我が身が可愛いので、思い切り開き直って相手に向かっていない。

昔の江夏豊は強打者でも逃げることなく向かっていった。巨人に移籍した工藤公康投手の場合、ピンチの修羅場をいかに凌ぐか楽しんでいますよ」

久万は、〝野村本〟の愛読者である。野村の毒気を含んだ話を聞くのも嫌いではなく、「彼の言うことはいちいち腹が立つわ。正しいことを言っているからなおさら悔しいんや」とこちらもぼやきながら、会合を重ねている。

この日は午後二時から、チームの現状や来季に向けての構想を聞くのが久万たちの目的である。野村節はオーナーの非も突くので、久万はときどきカッとなって激論になるが、この日はもっぱらご意見拝聴に流れた。続いて、選手批判だ。

「タイガースの選手は、マスコミや大勢のファンの目があるので、ついついスタイルや格好ばかりを意識しています」

本音では、選手たちが生意気でどうしようもないと思っていた。中軸の今岡誠などそっぽを向いている。それを受けて、久万が、

「うちの選手は、ええ格好しいが多いので、なかなかコーチの言うことを聞かない、ということを聞いたことがある。逆に、コーチの指導ぶりはどうか、監督の意図を理解しているんかな」

そう尋ねると、野村は我が意を得たりとばかりに、一軍コーチや二軍監督の岡田彰布《あきのぶ》をなじった。

「今の一軍コーチは、サラリーマン的になっています。世渡りや人間関係ばかりに比重がかかり、指導に愛情や熱意が感じられない。日頃から、『コーチの仕事の評価はその内容である』と言っているんですが、彼らは人脈ばかり気にする傾向にある。岡田二軍監督とも話をしますが、『ファームは勝利よりも育成優先』と言いながら、実際は勝ちに行っているように見えます」

久万は岡田が好きで将来の監督にと思っているのだが、野村は強情な岡田とそりが合わない。そして辛辣に結論付けた。

「広島カープのファームは、とにかくよく練習をするらしい。その結果、活きのいい若手が育成されてます。選手の自主性を待っているだけでは、練習量不足は解消できません。無理やり練習をさせるように仕向ける必要を最近感じました。

ファームのシステムを再考することが急務です。二軍のコーチには、『野球の虫』的な人材を配置しなければなりません。できれば自分が二軍のコーチをやりたい心境ですよ」

野村はもともと「選手は素材が大事だ。四番打者とエースは育てられないですよ」と久万に告げてきた。だからスカウトこそが肝心かなめだ、と繰り返し、さらに「補強にカネをつぎ込んでくれ。カネを出さなければ勝てない」と強調している。つまり、タイガースには巨人に対抗できるような良い人材がいないし、スカウトたちも集めてこなかったというわけだ。ちなみに、久万はカネのかからぬ自前育成論者である。

ところが、この日はそれに加えて、コーチもファームもダメ、何もかもなっていない、と酷評されてしまった。コーチの一部は野村が連れてきたのに、という気持ちも久万にあり、野村は褒めることが下手だ、とも思っている。

彼は海軍予備学生から少尉に任官していて、タイガースの幹部たちには時折、「自分のいた海軍では」と切り出しては、「やってみせ、言ってきかせて、させてみて、褒めてやらねば人は動かじ」と元連合艦隊司令長官・山本五十六の名言を語ったりしていたのだ。いつもなら、そんな言葉を持ち出して、野村に、あんたにも問題があるんやないか、とやり返すところだが、この日はかなり違った。

「タイガースOBを見渡しても優秀な指導者がいない。来季に向けて、コーチングスタッフは監督の希望する人材を集めて頂いて結構です」

とまで言って、こんな感想を口にした。

「今日いろいろと話を聞き、タイガースはチームの骨格から作り直す必要があるので、相当の時間を要するという風に感じました」

それは久万の実感なのである。

3

久万は野村を招請した段階で、球団を骨格から作り直さなければならないと思っていた。なにしろ、タイガースは「氷河期」と呼ばれるどん底状態が続いている。それで、電鉄の金庫を開き、野村にはOB監督の二倍、契約金を入れると年間二億二千万円もの大金を払っていた。

年俸と契約金額を記した稟議書が球団から上がってきたとき、久万は「なんじゃあ、これは」と決裁印を押す手を止めて、目をむいた。

「あんたらが決めたんか。この金でオーナー何人雇えるんや」

それもあって観客は急増したのに、経常利益が三千六百万円しか増えていないのだ。そのモトはきっちり取らなければならないのである。

しかし、変革を頭で考えるのと、実行するのは全く別物である。監督はグラウンドで選手を鍛え、チームをまとめ上げることはできるが、実際に球団を変えるのは、編成権を握る球団本部長の役目なのである。メジャーリーグで言えば、GMに近い存在で、国内外のスカウトからコーチ、スタッフに至る編成部門を統括するカナメだ。

この四か月前、野村が二年目のシーズンに入る直前のことである。野崎は、阪神電鉄本社の会長室に呼ばれた。久万は淡々と言った。

「球団本部長のことやけどな、君がやれ。高田君ではダメや」

久万の耳に入った話では、球団社長の高田とは一緒にやれん、と野村が怒っているという。

野崎は身を固くした。

「君がやっている連盟、営業の担当は高田君にやってもらう。三月の球団人事でやる」

タイガースの社長には一年半前、六年連続Bクラスの責任を取らされた三好に代わって、タイガースゴルフクラブ支配人だった高田が就いていた。彼は大阪大学経済学部卒で、野崎の一年先輩である。一九八八年に電鉄本社からタイガースに出向し、自殺した古谷真吾に代わって球団代表と球団本部長を兼ねた後、不振の球団から転出していた。そして、「球団や野球を知っている」という理由で、またもタイガース再建を託されていたのである。

ところが、久万は、その高田が務めていた球団本部長職を、常務で野球素人の野崎に移すという。その代わりに高田に、常務の担当業務を受け持たせる、〝下剋上人事〟の断行である。出向から三年八か月、チームを差配するときが来たのである。

虎番の記者たちが「フロントの実権が常務に移った」「球団でクーデターが起きた」と仰天する異変である。

野崎は久万から「野球、勉強しておいてくれ」と言われていたことを振り返った。久万にしてみると、他に球団本部長の人材を見つけられなかったのだろうが、常識ではあり得ないこの人事を、野崎は心のどこかで待っていた。

〈現状ではだめだ。何とかしたいという希望がある〉と前年末のメモに記している。長くぬるま湯に浸かったこの組織は、傍流の自分にしか変えられないと思っていたのだった。

帰宅すると、艶子に球団本部長の内示を伝えたが、反応らしいものはなかった。

「ふーん」という具合である。野崎は二階の部屋でひとり興奮していた。

――あまり野球のことは分からんけど、何とかなるやろ。少しはコネもできてる。逃げられへんのや。

七月には専務取締役兼球団本部長に昇進した。野崎がスポーツ紙に登場する頻度も増した。ただし、艶子は「大変やねえ」とか言うたかなあ、くらいの記憶しかない。専務になっても電鉄本社の部長級で給料も待遇も変わらなかった。仕事と責任が増えただけで、妻には昇進の実感がなかったのである。

――本社から見ると、部長職を出向させて、たまたまそこで専務になったということなんやろな。

野崎がそんな感慨にふけっているころ、西のカープでは、〝三刀流〟の鈴木清明が、選手の査定システムについて、考えをめぐらせていた。前述のように、彼は営業企画部長兼商品販売部長に加え、「球団部長もやれ」とオーナー代行の松田元から言われている。

鈴木は次々に仕事を言い渡されても、よほどのことがない限り断ったことがない。オーナーの松田耕平も元も何かにつけて細かい説明をすることがなかった。

「こんなことをしたいんじゃ」とか、「あれやってくれ」という彼らの言葉がまずあって、鈴木が「えっ！」と絶句し、少しずつ質問する。それから、（しょうがない、やるしかない）と心の折り合いをつけて、

「わかりました」

と答えるのである。そのときには、もうどうやってやるかを考えている。それが自分の会社人生なのだ、と割り切っていた。

――うちは町工場みたいなものだから、肩書に関係なく、困った課題があればいつでもそこで仕事をするしかないんだ。

カープも八年連続優勝から遠ざかっている。こちらも負け犬根性が染みつき始めていた。九八年から三年連続五位、その下にいるのはビリのタイガースである。

以前にも触れたが、カープでは元監督の阿南準郎が二〇〇〇年三月、常務取締役球団本部長に就任し、編成部門を統括して連盟担当も兼ねた。鈴木は球団部長として、その補佐を務めることになった。それまでは試合が始まっても、球場地下にある商品販売部に潜ったままだったが、球団部長兼務の一人三役になってからは試合が気になり、チームの遠征にも同行するようになった。

同じ二〇〇〇年に、低迷するタイガースとカープで、二人のサラリーマンが球団付きとして

チーム改革の舞台に上ったことは偶然ではない。それは個々の球団だけの事情でなく、球界近代化に向けた時代の要請でもあった。

この年のオフの契約交渉から、野球界では選手の契約更改時に弁護士に限って代理人の同席を認める代理人交渉制度が始まっていた。

巨人オーナーの渡邉恒雄は代理人を連れてくるような選手がいたら、「オレから（球団代表に）『あいつの給料をカットしろ』と言うよ。それがイヤなら自由契約だ。（巨人に）入りたいやつはいくらでもいるんだ」（毎日新聞）と強烈な反対意見をぶち上げていたが、鈴木はこのまま代理人が入って来ると、従来の年俸査定の手法はやり玉に挙げられる、と危機感を抱いていた。

日本の球団の多くは、年俸評価の基礎になる選手の成績査定がどんぶり勘定だったのである。その背景には、前述のダン野村の指摘した、選手が自由に他球団に移籍できない「選手保有権制度」がある。球団側が圧倒的に強い立場にあるのだ。

かつては、人気のある選手の査定は甘く、地味で反抗的な選手には辛い、という査定と契約がまかり通っていた。そこまで極端でなくても、ゲームに現れた選手の技能や成績を一つひとつのプレーごとに評価することはしていなかったのである。

鈴木は社外のプログラマーや査定担当者と協議して、走攻守の一千項目以上の要素をパソコンで打ち込む査定システムを作り上げ、三年後には地元の中国新聞紙上で公開した。東洋工業経理部の利益計画班で習得したことが役立った。彼は一時、利益計画システムの策定に携わっていたのである。

従来ならば、打点、打率、勝利数などの数字がモノをいったが、試合を見ながら、鈴木や査定補助者がノートパソコンにプレーごとの貢献点を打ち込んでいった。同じ打点でも一点差の打点と二点差の打点とでは異なる貢献点を与え、盗塁を許した場合は、捕手だけではなく、フォームを盗まれたり、クイックモーションで投げなかったりした投手に多くのマイナス点を付ける。

とにかく細かく、査定者の好き嫌いという感情が入らないように心がけ、そのシステムを毎年、新たな要素を入れて更新していった。チームの勝ち負けに一喜一憂する前に、チーム付きには山のような仕事が控えていた。

タイガースの野崎の場合、鈴木のような前向きの仕事ではなく、人事《ひとごと》が待っていた。ぬるま湯に浸かった編成幹部との闘いであり、スカウトの大改革である。

第六章

主流派との闘い

留守番電話の低い声は告げた。

「ただで済むと思わんこっちゃで」

1

〈だめ虎も四月尽《しがつじん》まで気を持たせ〉

と詠んだのは、熱烈なタイガースファンの宗教学者・ひろさちやである。四月尽とは四月の終わりのことだ。

広島東洋カープも「勢いは鯉のぼりの季節まで」と言われた時代があるが、二〇〇〇年の阪神の場合は、ひろさちやの川柳のように四月を過ぎるとチームの元気もファンの期待も萎《しお》れて、夏になると、いつも面白くなさそうな外様監督・野村克也の顔が仏頂面を通り越して怒りを帯びてくるようになった。

球団専務に昇格した野崎は、帰宅すると二階の書斎にこもって考え込んでいた。このままだと、タイガースは三年連続最下位に沈むのは確実だ。

――いよいよあかん。決着をつける時がきたんや。

六畳の部屋は、本の山とメモ、新聞記事のスクラップ、書類を詰めた段ボール箱で雑然としている。のちのことだが新聞記者に「一番欲しいものは?」と問われて、彼は「ルンバ」と答えたほどである。書斎は妻にも触らせないのだ。艶子は、「お父さんの書斎は散らかりすぎて、お掃除ロボットでは掃除しきれへんよ」と言うのだが、今は掃除どころではない。球団主流派との闘いを控えているうえ、就任二年目の野村が、

「編成会議に、俺はもう出ない」

と言い出したのである。野村は、タイガースのフロントの中核組織である編成部と決定的な対立をしていた。

——編成部長は言うことをきかん。俺が気に食わんのだ。

野村は、それは今に始まったことやない、と思っていた。彼は前年にタイガース球団社長の高田順弘を交え、編成部長と二、三時間、チームの編成やスカウトについて話をした。野村の口調は説教に近かった。

「阪神のドラフト戦略は、そもそも一位、二位に対する考え方が間違っている。九六年は逆指名で今岡誠、翌年は智辯学園和歌山高校の中谷仁、九八年は高知商業高校の藤川球児、九九年は逆指名で九州共立大学の的場寛一と、他球団と競合しない選手ばかりを一位指名している。それは安全確実に獲得できるのでスカウトにはリスクがないだろう。しかし、即戦力を頼んでいるのに、これでは優勝など程遠い。

君ら編成の者は『現場が育てていない』と言うが、過去十年間、ドラフト一位が一軍に定着していないということは明らかやし、このあたりに他球団との戦力格差の原因があるんやないか」

野村によると、それ以来、編成部長は自分の所に顔を見せなくなった。十一月の新人ドラフトで誰を獲得するかが懸案になっているのだが、中間報告にやってきたのは編成部長ではなく、その部下だった。

もちろん、彼らにも言い分があるだろう。編成部長は選手出身者で、有力な選手ＯＢや多くの球団スタッフに支えられている。彼は現場組の代表格でもあり、選手評価にも目利きだという自負もある。チーム編成やスカウティングという自分たちの仕事の分野に、現場の大将、しかも外様で口うるさい野村にしゃしゃり出てもらいたくないのだった。フロントの責任者は球団本部長に就いた専務の野崎だが、野球の素人なので、実際の発言力は編成部長が握っているのだ。


この一年半ほど前のことだった。野崎は鍼灸師の資格がないトレーナーと話し合いの末、契約を打ち切ろうとしていた。一九九六年に巨人の槙原寛己が球団トレーナーの電気鍼治療ミスで気胸を患って大騒ぎになっており、野崎はトレーナーに専門学校に通わせ、鍼灸師の国家資格を取らせるのが先決だと考えたのだった。

前述の編成部長は当時、スカウトを束ねるチーフスカウトの要職にあったが、トレーナーの雇用を継続してくれ、と三回にわたって求めてきた。子飼いの一人だったのである。最後はつばを飛ばしあう言い合いになった。

「トレーナーの残留は、高田社長が就任する前から頼んである。だから常務のあんたが辞めさすのはおかしいですよ」

「いや、高田社長はそのころ、まだ事情をご存知なかったはずや。球団の人事権は僕にあるんやさかい、君が言うのは筋が違う」

「現場のことは我々に任せてほしいんです」

そう食い下がられて、野崎は役員がこれまで現場組に言えなかったことを指摘した。

「派閥次元でものを考えたり、人を動かしたりすることに、僕は反対や」

すると、彼は憤然と席を立ち、部屋を出ていった。その直後にバーンという大きな音がした。

職員が驚いたように言った。

「ロッカーを足蹴にしていかれましたわ」

――心が冷えるわ。現場から意地悪されるのが嫌で、球団の幹部も「ふんふん」と言うこと

を聞いてきたんやな。ノムさんが、「だからタイガースは強くなれないんだ」と言うわけや。

野崎は、前監督の吉田が、最後の編成会議で「脇役ばかりで戦ってるようなものです」と漏

らした言葉を忘れなかった。では、脇役ばかりの状態にしたのは誰か。直接の責任者は歴代の

球団本部長であり、編成部長である。そして、その配下のスカウトたちだった。

ところが、タイガースの場合は責任の所在があいまいなのである。その原因の一つは、監督

に編成の重要会議に出席してもらい、新人スカウトについても、最後は監督の判断を仰ぐ形を

取っていたからである。新人ドラフトで評価や獲得に誤りがあっても、「あれは監督が決めた

んや」「育成がなってない」と言い合って、毎年のように反省なく終わっている。

野崎はスカウト部門の責任逃れだと考えていた。野村はそんな形ばかりの編成会議には出ない、と言っているのだ。

それに、野村が監督になってから編成部との関係は疎遠になっていて、獲得する外国人や新人ドラフト候補者を、ぎりぎりまで野村に教えないというのである。

2

二か月後の九月、野村はホテル「ザ・リッツ・カールトン大阪」で、オーナーの久万や阪神電鉄社長の手塚と会って、こう訴えた。

「ヤクルトの監督に就任したときに、編成部門に対して、『一年目のドラフトから即戦力を補強してほしい』とお願いしたことがあります。すると、外れ一位で西村龍次投手を獲得できて、期待に応えてくれましたよ。また古田敦也という素晴らしい捕手も獲得でき、順調に成長しました。二年目は岡林洋一投手、三年目は石井一久投手、四年目は伊藤智仁投手と、チームの柱になる選手を獲得できました」

しかるに、阪神の監督になってからはどうか、と野村はさらに声を高くし、続けた。

「初年度の九八年のドラフトでは、獲得すると言っていた近畿大学の即戦力二岡智宏を（巨人が獲りに来たので）あっさりと諦めて、高校生の藤川球児で行く、と急に決定された。二年目は的場が一位と決まりました。

的場がどの程度の技量があるか知りたかったのですが、VTRを見せてくれないし、編成部からは『絶対、監督に気に入ってもらえます』というばかりで不安でしたよ。的場はオリンピック候補選手として中日の春季キャンプに参加していたこともあり、中日の高代コーチや立浪選手に評判を聞いたところ、『ドラフト一位の器ではない』ということだったので、会社に対し再考を促したが、聞き入れてもらえませんでしたわ」

そして、タイガースの病巣の一つをはっきりと口にした。

「『編成会議に出席しない』と言ったのは、編成部とスカウトに対する不信感からですよ。我を張る人間たちには正直言って頭にきている。『阪神はフロントやOBに問題あり』と聞いていたが、これだけ強烈な派閥意識には驚いています」

阪神はよく言えばOBを大事にする球団で、その発言力は強い。悪く言えば外野のOBがやかましい球団だったから、社長の高田は野村に新監督を頼む直前にも、有力OBに気を遣って、新聞記者たちに「これはOB会長の田宮謙次郎さんとかいろんな人の意見を聞かなければならない」と発言している。

カープや巨人ではこんなことはない。大事な監督人事をOB会長に相談するのはたぶん阪神ぐらいのものである。当然ながら、彼らを中心に球団への影響力が生まれ、グループができあがる。その中でも野村が眉をひそめる「派閥」とは、タイガースの最大多数である「アンカケ派」を指している。

アンカケ派は人望のある元監督・安藤統男と元四番打者・掛布雅之の頭文字を取ってそう呼ばれているのだが、この二人を中心に仰いで、ＯＢ会のメンバーや阪神電鉄本社幹部、球団への出向者、チームスタッフがその影響下にあった。前述の編成部長もその一員だと見られ、社長の高田も多数派寄りであると言われていた。

彼らに守られたタイガーススカウトには大きな欠陥があった。それに気付いたのは、やはり前監督の吉田の一言がきっかけである。

それは球団内の編成会議か、新人スカウト会議の席上だった。真ん中にいた吉田が、「この選手を獲ってもらいたい」と言った。すると、スカウトたちがあっさりと拒んだ。

「その選手は見てないから獲れません」

野崎はびっくりして、吉田の苦い顔を見た。

――アマチュア選手を視察するのがスカウトたちの仕事だ。それを見ていないということがあるんか？

実は、タイガースのスカウトは、ドラフト会議で指名されるような選手の、ごく一部しか視察していなかったのである。その欠陥はやがて検証され、数字でも裏付けられる。

二〇〇一年の新人ドラフトが終了した後に、球団で調査したところ、この年の全球団ドラフト指名選手八十七人のうち、タイガースのスカウト陣はその半数以下の四十一選手のレポートしか球団本部に提出していなかった。そのカバー率は四七％である。

しかも、ドラフト四巡目以降の選手については、指名された六十三選手のうち、四十一選手の検討資料が球団になかった。四巡目以降のカバー率はわずか三五％ということになる。

レポート未提出の選手の中には、その後、六度も本塁打王に輝いた西武の「おかわり君」こと中村剛也（二巡目指名）、その同僚で最多安打やゴールデングラブ賞を取った栗山巧（四巡目）、近鉄や楽天の投手として活躍した朝井秀樹（一巡目）、同じく有銘兼久（三巡目）、巨人投手の林昌範（七巡目）、オリックスの好打者・後藤光尊（十巡目）ら粒揃いの選手たちがいた。

スカウトの言葉で言うと、「見落とし」だが、そもそも情報の絶対量が不足していたのだった。

どうしてこんなことになったのか。

球団職員が次のような報告書を提出している。

〈当時は逆指名とそれに続く自由獲得枠選手制度が導入されていた。自由枠の対象となる選手は全国的に有名であり、誰が見ても良い素材であるため、眼力で在野の選手を見抜く特殊技能がそれほど必要とされなくなる。ルールなき自由競争の下で、人材獲得のためには密着、裏工作、裏技、裏金を使った特殊な戦略活動が要求されていた。

そのためにスカウトは、本来の業務であった地道な情報収集や無名の選手を発掘する作業に目をつぶり、とにかく目の前の契約すべき有名選手に徹底して食い込むことに尽力する傾向にあった。それらを徹底して行わなければ、他球団と競争しながら自由枠選手を獲得することができなかった。

しかもタイガースでは、アマチュア選手の最終評価をする権限のある人間が不明確であった。監督なのか、スカウトなのか、球団本部長なのか。しかもスカウティングレポートなどは長期間保存されていなかった。権限のある管理者がきちんと評価資料を残すシステムも確立されていなかった。意思決定プロセス自体が客観的に見て、非常に曖昧になっていた〉

これは巨人のスカウト部でも起きていたことだ。私が球団代表を務めていた当時、スカウトの一人がこう打ち明けたことがある。

「阿部慎之助のような逆指名対象の選手を何としても獲得するために、スカウトは連日、選手の学校や社会人チームを訪れて目を光らせなければならない。そのために自分の管轄の他の選手の視察がどうしてもおろそかになるんです」

そのうえ、タイガースのスカウトは裏工作も不得手で資金も多くは与えられないため、巨人など他球団との競争に押し負けてしまう。野崎が調べてみると、十年前後も新人選手を獲得できていないスカウトが年功序列で昇進していた。

事情を聞くと、「私の地域にはいい選手がいません」と言い訳をした。成績査定もなく、派閥のなかでかばい合っていたのだった。

——それも優しい阪神電鉄の社風から来るんやろうな。

野崎は専務に就いてから一か月後、関連会社を所管する電鉄本社常務の宮崎恒彰《つねあき》のもとを訪れて、「私たちはフロントの弱点、特に戦力補強面での欠点を把握しました」と抜本改革への協力を訴えた。宮崎はのちに本社専務兼タイガースオーナーに就いた温厚な人物で、野崎の同期である。

「長い間スカウトについて内部に入り込めませんでしたが、球団には派閥がはびこっています。球団経営者に長期的な戦略の観点がなかったことや、比較的短期間に次々と交代をしていたからです。出向社員以外のスタッフにとって、自分たちの身分を保全する最善の方法は、実力者の庇護のもとに入ることで、派閥が増殖したのではないでしょうか。

野村監督が就任してから球団を取り巻く弱点が様々に掘り起こされ、抜本的に球団運営を改革するためには派閥を解消させることが何より必要であると認識しています。今までなかなか手が出せなかった分野ですが、今回こそは何とか対処しなければならない状況にあります」

その訴えは久万に届いた。それ以外にも、久万を怒らせることがあったのである。前述の野村との二度目の会談が開かれたのは宮崎への〝陳情〟から間もなくのことだったが、久万のスカウトに対する評価は辛辣で皮肉たっぷり、延々と痛罵し続けた。

「タイガースのフロントに共通していることは、チームの強化よりも自分たちの生活の方が大事であるという意識が先行していることだと感じる。プロ野球界にはそういう考え方の人もいると聞くが、タイガースは特に多いようや。スカウトもリスクのある仕事にチャレンジして責任を問われるよりも、安易に無理のない仕事を無難にこなす方が生活の安定につながることを皆が心得ているようやな。お互いが傷の舐め合いをして運命共同体になってしまっている」

久万を怒らせているのは、今秋のドラフト会議でまたも遅れを取るのが確実だったからである。

久万は前回、野村と会ったときに、二〇〇〇年ドラフトの目玉だった立命館大のエース・山田秋親を、「今度こそ真剣に獲りに行っている」と強調した。珍しく「カネも出すから」と編成部に号令をかけていたのである。

山田は百五十三キロの快速球を投げ、アマチュア球界ナンバーワン投手と言われていた。久万は「監督が常々言われているように、エースと四番バッターは素質が第一ですからね」と言い添えて、逆指名で獲って見せると意気込んでいたのである。ところがそのとき、山田はもうダイエーに大きく傾いていた。久万が知らされていなかっただけのことだ。

その事実をようやく知った久万は、野村にこんな弁解をした。

「逆指名制度が導入されてから契約金等が高騰し、非常にやりにくくなった。阪神のスカウトは『うちが良い選手を取れないのは、会社が獲得資金を出さないからだ』と責任転嫁していたので、今回の山田投手については、徹底的にチャレンジするよう、金銭面のバックアップを確約して事に当たらせていた。言い訳できないようにもっていったんや」

そして、ぼやくように続けた。

「阪神のスカウトには、他球団と競合してでも、がむしゃらに選手を獲りに行くような風土がないので、たぶん山田の獲得は無理だろうと思っている」

大見えを切ってからわずか二か月後だから、野村も唖然としたことだろう。

もはや、スカウト部門を刷新しなければならないのは明らかであった。ただし、改革の話はその場では出なかった。それは野崎の仕事であった。「やってみて、失敗したら君、責任取れよ」というのが久万の姿勢である。

タイガースが異例の人事を発表したころには、蒼惶《そうこう》とした師走の風が甲子園を吹き抜けていた。編成部長らを更迭、スカウト三人を解雇して、新たな人材と入れ替えたのだ。野村に近い球団常務に編成部長を兼任させたり、他球団のスカウトをヘッドハントしたりした。

二〇〇〇年十二月六日付けの朝日新聞は〈トラ、編成部門に大ナタ〉と報じ、日刊スポーツの見出しは、〈阪神　5日付で球団組織改革をともなう、22人の大型人事異動を発表〉とあった。間もなく、久万や球団に怪文書が次々と舞い込んだ。

野崎が帰宅すると、艶子が「変な留守番電話が入っているわ」と気味悪そうに言った。再生してみると、男の低い声が入っていた。

「俺の連れの首を切ったのはあんたらしいな。ただで済むと思わんこっちゃで」

という低い電話の声を聴いて、「大丈夫や」と妻に告げた。

――いまから始まるんや。

3

広島東洋カープのゲームが佳境に入るころ、松田元はマツダスタジアムを後にする。独り身なので誰かが待っているというわけではない。元がスタジアムにいると試合に負けるというジンクスがあって、球団職員だけでなく、本人もそれを信じているのである。だから試合は見ないで、離れていく車から耳を澄ましている。ウォーッという歓声やカネ太鼓の響きが遠くに上がる。それは、決まってカープが逆転をしている音なのだ。

野球を家業にすると、悲しいものだと彼は思う。負けたら自分のせいだ、おまえはバカだ、と自身を責める人間になってしまった。

球界には験《げん》を担ぎ、神仏を頼みとする監督や選手が少なくない。それで監督室にはたいてい神棚が設けてあるが、元の場合はやや常軌を逸していて、ネクタイからハンカチ、パンツ（赤系統である）、靴下、おやつ、それを買うコンビニに至るまで、あらゆるものに勝利を託している。連勝のときには同じネクタイだが、負けたときのネクタイは締めないので、連敗が長く続くと、職員たちはオーナーのネクタイの心配までしてしまう。

――自分はのめり込まないようにしよう。

鈴木はずっと、そう思っていた。この世界に引っ張り込んだ元のそばにいるせいか、勝ち負けに一喜一憂しないように努めている。験担ぎでうまくいけばそれを続ける苦しみを抱え、うまくいかなければ次の験担ぎを考える苦しみを味わうのだ。少し後のことだが、鈴木が験を担いでカツ丼を食べた時に連勝し、三日間、カツ丼を食べるはめになった。

その元から「球団取締役をやってくれ」と告げられたのは二〇〇一年三月ごろ、負けに対する耐性が身についてきたころだった。自分の験担ぎでチームが勝てるわけではない。あれは心の不安を取り除く儀式だ、と考えられるようになっていた。同時に、俺は元と違って情が薄いのかもしれない、とも思い始めている。晩年の耕平がオーナー職にあり、長男の元の肩書はそのころまだオーナー代行である。

それにしても人使いの荒い球団だ。十一か月前に、鈴木はチーム付の球団部長に回り、常務取締役球団本部長の阿南準郎を補佐してくれ、と言われていた。営業企画部長と商品販売部長も兼ねて、一人三役をこなしていたのだ。今度は、取締役球団部長兼営業企画部長に就くのだ。

前述のように、カープは一九九四年に左腕投手の川口和久が、九九年には本塁打王の江藤智が、いずれもＦＡ権を行使して巨人へ去った。ドラフトでも九八年に、カープが一位指名しようとしていた地元出身の大型内野手・二岡智宏（広陵高校から近畿大学）を逆指名で巨人にさらわれ——これはタイガースも同じ憂き目を味わった——戦力整備に四苦八苦している。

「無名の選手を育てるしかなくて、それをＦＡで獲られてますよね」

同情する記者たちに、鈴木は「獲られたら、また作るからええんじゃ」と答えてきた。

「大木がなくなれば、そこに陽が差し、また新しい芽が出るじゃろ。ハゲ山に見えるが、眠った才能はたくさんある。手にある財産を大切に育て、花を咲かせて見せるわ。勝つことは必要じゃが、どうやって勝つかも大事じゃないか」

終いに、負けてたまるかの精神じゃ、と胸を張るのだが、以前にも記したようにカープは一九九八年から三年連続でセ・リーグの五位に甘んじている。

赤ヘル旋風の一九七九年に百四十万人を超えたカープの入場者数はじり貧で、百十万人台のあたりに落ち込んでいた。黒字経営は続けているものの、それは安い選手年俸と、巨人戦を中心にしたテレビ放映権料収入でしのいでいるのが現状で、それもかげりを見せ始めていたから、元や鈴木の危機感は極めて強かった。

そこへきて、翌二〇〇二年には、カリスマオーナーであった耕平が亡くなり、二人が頼みにしてきた阿南も体調を崩して治療に専念することになった。そのためにこの前後から、元と〝なんでも屋〟の鈴木の負担はさらに重くなっていた。

「わしが二軍をやる。お前は一軍を見ろ」

と元は言い出した。

元はオーナーに就いてからも、しばらくは自分で車を運転し、山口県岩国市由宇《ゆう》町にある二軍の由宇練習場に出かけた。コーチと言葉を交わし、時折、若い選手にハッパをかける。そこは広島市から車で約一時間を要する山中にあり、他球団のプロスカウトたちが「球界の秘境」と呼ぶ球場だった。

問題は、二人がいずれも野球の素人だということである。

鈴木が全試合を見るようになったのも、球団部長になってからのことだ。遠征ではカープの監督経験者である阿南に付き、ホテルから選手と同じ貸し切りバスに乗って球場に向かった。選手と同じ釜の飯を食うのである。

だが、阿南に教わったことは、人としての佇まいのようなもので、野球を具体的に学んだわけではなかった。阿南は上からものを教えるようなことはしない野球人である。

鈴木は球場の視察室から試合を見ていたが、隣の阿南はひどいエラーやぶざまな逆転負けを目撃しても、悪しざまには言わなかった。たまに「うっ」と漏らすことはあっても、選手の失敗についてはせいぜい、「一塁じゃなくて二塁に送球すればよかったね」などと呟くくらいだ。

彼は監督やコーチを長く続けたので、勝負事やプレーが思い通りにいかないことを知っていた。逆転勝ちをしても大喜びをするわけでもなく、球場が興奮と歓声に包まれていても、グラウンドとガラスを隔てた二人の視察室は静かだった。

しかし、師匠の阿南がいなくなった今、鈴木は彼の代わりを務めなければならないのだ。チームの指揮は、二〇〇一年から達川光男に代わって、「ミスター赤ヘル」と呼ばれる山本浩二に任されていた。山本は二度目の監督である。思い切って鈴木は言った。

「浩二さん、これからはチームのミーティングに入れてくれませんか。わからんことが多すぎるから」

ゲーム前に誰からどんな指示が出され、それに選手がどう応えているのか、知らなかったのである。

「おう、入れ、入れ」

山本は本塁打王四回、打点王三回、首位打者にも輝いた大選手なのだが、威張ることもなく、簡単に受け入れてくれた。デカいのは背中だけではないなあ、と妙な感心をした。面倒な頼み事をしても、山本はたいてい、「おう、分かっとる、分かっとる」と言い、「あの選手を取るカネ、ちょっと、うちにはないですよ」と鈴木が頭を下げると、笑って見せた。

「分かっとるわぁ」

彼がしみじみと話してくれたのは、四番打者のことである。

そのころ、地元出身でドラフト六位入団の新井貴浩が頭角を現していた。阪神にFA移籍した金本知憲の後を継ぎ、二〇〇三年には四番に座った。ところが、ひどい不振に陥って、得点圏打率は一割台をさまよった。チームは負け続け、新井は夜も眠れなかった。

――新井はボロボロじゃないか。

鈴木は山本に言った。

「もう新井を四番から外してやった方がいいんじゃないですか」

すると、「そういうもんじゃないんだ。四番を作るというのは」と彼は返した。

「これを乗り切らないと四番はできないんです」

それから「わしも」と言って、自分の話を始めた。

「古葉監督のときに、四番を外されたことがあります。腹が立って二週間ほど監督とは口もきませんでしたよ。それだけプライドもある。四番というのは甘いもんじゃないんだ。新井もそこを乗り越えないと、本当の四番にはなれないです」

のちに山本が新井を四番から外したのは、ヤジを浴びせたファンとネット越しに口げんかをしたからだ。ずっと後になって、鈴木はそのころの話を新井とした。きっとまた新井が悩んでいた時期だったのだろう。

4

鈴木が取締役となって現場でもまれ始めた二〇〇一年三月、カープの後塵を拝するタイガースは、専務取締役球団本部長だった野崎を新社長に選任した。

それはオーナー・久万の苦肉の策である。二年連続最下位の後も、久万としては監督の野村に頼るしかなく、球団派閥の弊害もわかっていたから、球団改革を進める野崎を抜擢したのだった。

三月九日付のスポーツ報知は、〈阪神　久万俊二郎オーナーが高田順弘球団社長を〝解任〟

反野村派一掃〉の見出しを立てて、こう報じている。

〈ノムさん、全面バックアップ受け、後がない？　阪神の久万俊二郎オーナー（80）が8日、野村克也監督（65）との確執が伝えられた高田順弘球団社長（60）を〝解任〟、親野村派の野崎勝義専務（59）の社長昇格を決めた。同日、大阪・野田の電鉄本社で球団の定時株主総会および取締役会で承認、開幕直前の異例の人事で一丸態勢を整えた〉

ただ、久万と野崎の野村に対する信頼感には少し温度差があった。野崎はあと二年は野村に留任してもらうことを前提に物事を進めている。これに対し、久万は突き放したものの考え方をしていた。

この年の初めに、久万たちは神戸のホテルに一軍バッテリーコーチの木戸克彦を呼んで、チームの内情を聞いたのだが、久万は木戸に言った。

「監督がやりやすいようにわがままも許している。彼も一年目はうちを知らなすぎたし、二年目は成績が良くないので慌てたのだろう。三年目の今年は覚悟を決めているように思う。（四年目の）二〇〇二年も残ってもらうのが一番いいが、今年も六位ならそれは分からない」

不安な船出である。野崎の自宅には、社長就任祝いの胡蝶蘭が二鉢届いた。彼は純白の一つを玄関に、もう一つを居間に飾って、妻の艶子と一緒に眺めた。

「よかったね」

という妻の声を、晴れがましく聞いた。

ただし、社長になって個人的に変わったことといえば、数えるほどしかない。社長専用車は前任者のときからなくなっており、主事一級（部長職）待遇のままであった。しかも、翌年、阪神電鉄社員の定年を迎えて球団採用に切り替わると、給料は三割も減り、一千万円ほどになってしまった。本来なら四割カットのところが、社長だからそれで済むのだという。

電鉄社員のときには、阪神野田駅で降りると二階のホームから社員専用通路を通って、電鉄本社ビルにすっと入れた。だが定年後は一般乗客に混じって一階に降り、それから退職社員乗車証を示して入らなくてはならなくなった。サラリーマン社長はそんなものだと思っていても、寒風に揺れる凧のように、どこか侘しい。

艶子は懸命に働く夫が気の毒にさえ思えた。

――ずっとわかっていたけど、ほんとにけちんぼな会社や。お父さん、そこまで根を詰めなくてもいいいんとちがうか。

そう言いたかった。困るのは、社長さんだから高給取りでしょう、と誤解されることだった。

「そうでもないよ。社員の人と変わらないのよ」

艶子が答えると、

「また、そんなそんな」

ご冗談がお上手で、とばかりに笑われ、顔が赤らむ思いなのだった。それでも野崎は、これで気兼ねなく仕事ができる、と張り切っている。彼は社長就任の翌日、球団職員に、〈長い低迷は口惜しいではないですか?〉と呼びかける球団改造宣言をメールで送った。
〈強いフロントが強いチームを作るのです。チームが負け続けているということはフロントが笑われているということです。どうすれば良いフロントになれるか、それぞれが一生懸命働き考えてください。

歴代社長が大変ご苦労されてきましたが、抜本的な体質改善にはつながらなかった。もう猶予がならないというところへ来ていると思っています〉

そしてまずは、ホームページを魅力あるものに作り変えることで、情報の発信やファンの獲得、グッズや入場券の増販に活用したい——と訴えた。

それからも野崎は職員にメールを送り続け、〈私にメールを下さい〉と返信を求めている。直接的な言葉は、強く人を刺激し、組織を動かす力となる。次のメールは、社長就任から約二十日後に野崎が送ったものだ。

〈我がタイガースは、歴史のある、めったにBクラスにはなったことのない強い球団でした。しかし、ドラフト制度が導入され、さらに逆指名制度が導入されてからは、戦力の整備において他球団との競争に後れを取り、最近はセ・リーグ最下位の常連となってしまいました。誠に口惜しい限りです。私は何としても強いタイガースを復活させなければならないとの使命感を持っております〉

どん尻なのに「常勝球団への改造」まで訴えた。ただし、いくら熱くても、言葉の力は一時的なものに過ぎない。懸案はあまりに多いのだ。

延び延びになっているチケット販売のコンピュータ化、テレビ局との放送契約見直し交渉、年功序列から脱した人事評価制度の導入、ホームページの刷新、社内提案制度のスタート、新たな人材の確保……。いくら時間があっても足りないのだった。

野崎は本社から三人の中堅社員に出向してもらったうえで、スカウト部に中途採用者を登用しようとしていた。これが球団内部の抵抗を受けた。

新しいメンバーとして、野崎は他球団のスカウト経験者のほか、アマチュアの監督経験者、アマチュア野球担当の女性記者の採用も検討していた。アマチュア人脈を広げているスポーツライターの知恵も借りたかったのだが、「素人から情報をもらうのはプロのプライドが許さない」というスカウトたちの反対が強く、実現しなかった。「スカウトこそが元凶」と批判されているのに、守旧派の見えない壁は依然として厚いのだった。

新社長は指示した。

「独自のスカウティングシステムを構築しよう」

第七章
マネー・ボールのあけぼの

1

ミサワホームの創業者で、住宅業界のカリスマとして知られた三澤千代治の部屋には大きなナマズの置物が飾られていた。彼は旺盛な好奇心の持ち主で、話題の持ち主であれば社会部記者のところにも電話を入れ、自室へと招き入れた。置物は「カンバセイション・ピース」といって、そのときすぐに打ち解けた会話に導くための、話のタネのようなものである。

「それは何ですか」

と訪問客から問われると、彼はやおらナマズの話を始める。私の場合は、三澤の部屋で聞いたのか、それともテレビのインタビューを視聴したのか、はっきりしないが、彼の「三澤ブログ」によると内容は次のようなものである。

〈北欧の寒村で、漁師がイワシを獲りに行く。獲ったイワシは、船の生け簀に入れ港に向かうが、ほとんどが死んでしまう。ただ一艘だけ、生きたまま港まで、イワシを運ぶ漁師がいた。（中略）漁師が亡くなった後で、その漁師の船の生け簀を見ると、一匹のナマズが入っていた。ナマズは淡水に棲む魚なので、海水の生け簀に入れられると苦しくて暴れる、イワシは、暴れるナマズが傍にいるので緊張し死ぬことがなかった。人間社会も同じで、緊張をなくし怠けると死んでしまう〉

つまり、死んだ会社や組織にしないためには、周囲に刺激を与えるナマズのような存在が必要だ。企業は、生え抜き社員を緊張させる中途採用者を、それも異才を採りなさい、というのである。

その喩えでいけば、吉村浩《ひろし》は、新社長に就いた野崎がタイガースの生け簀に投じた〝ナマズ〟だった。吉村は当時三十七歳。阪神の業務提携球団であるデトロイト・タイガースでGM補佐を務めていた。

野崎は社長就任から約半年後に、球団の渉外担当者に紹介されて、日本に出張してきた吉村と会った。デトロイトとの契約が二〇〇一年で満期になるのだという。彼の売り込みの言葉は控え目で、口八丁手八丁というスカウトたちを見慣れているので、新鮮に思えた。

「私は米国でメジャーリーグの思想やベースボール・オペレーション・システム（BOS＝球団運営方式）などを学んできました。それを日本のどこかの球団で生かしたいと思っています」

野崎は吉村の略歴を頭のなかで反芻した。

――変わった経歴やなあ。記者でもあり、日本野球機構や大リーグの世界も体験しているのか。

彼は早稲田大学法学部を卒業して、一九八七年に日刊スポーツ東京本社に入社している。アマチュア野球遊軍を経て巨人担当になり、その後、米国で日刊スポーツ特別通信員として大リーグ情報を送稿していた。野茂英雄が大リーグに挑戦する四年も前のことである。それから帰国して約七年間、パ・リーグ事務局に勤務したが、それでは飽き足らなかったのだろう。伊良部秀輝や吉井理人ら日本人選手が続々と海を渡って活躍していた一九九九年に再び渡米して、デトロイト・タイガースの球団本部管理担当として再出発していた。

だから、日本のプロ野球協約にも詳しいし、メジャー流の合理的なＢＯＳにも精通しているのだという。

寡黙な男である。これはだいぶ後のことだが、吉村のところに挨拶に行った他球団の職員が、彼の長い沈黙に耐えきれずに視線を宙に泳がせ、そのうちに〈無口にも程度があるだろう〉とあきれて帰っていった。だが、レポートやメールを書かせると、外見からは窺えない激しい野球狂の気性が現れ、日本の球団がいかに後進的で非合理な編成、スカウトを続けているかを、歯に衣着せず、具体的に論じた。

彼に興味を抱いた野崎が、タイガースの外国人選手獲得について意見を求めると、意外なレポートが返ってきた。近年の阪神の外国人スカウティングが誤っている、あるいは劣っている、とは思わない、というのだ。

〈私は他球団の海外スカウトとも交流がありますが、活動自体がお粗末このうえない球団もあれば、「詐欺」としか思えないブローカーに多額の対価を払い、活動すら放棄している球団もあります〉

と記されている。レポートは、Ａ４判で三枚あって、その分析は野崎を強く惹きつけた。彼も主観によらない、科学的編成手法を模索していたからだ。

〈私は根本的に、外国人スカウティングの問題点はスカウト活動それ自体よりも「意思決定」にあると思っています。スカウト情報が十分に伝わらないままに、（あるいは十分に伝えたにもかかわらず）最終決定を現場の監督に委ねたり、担当スカウトの責任回避が決断を妨げたり。その観点から言えば、外国人スカウトは一スカウト部門の問題ではなく、ベースボール・オペレーションすべての問題であると言うべきです〉

そして、こう結論付けていた。

〈私は「外国人獲得に正解はない」という立場です。どんな完璧なスカウティングをしても誤差の生じる世界であり、また獲得後の問題が大きく左右する世界です。むしろ明らかに修正すべき重大な問題に早めに手をつけ、外国人依存度を低く抑えていくような発想の転換が必要でしょう〉

――その通りや！

野崎は、監督の野村が外国人頼みのチームを嘆いていたことを思い出した。外国人選手の成功は、同僚の日本人選手の活躍に依存している、ということも話していた。吉村レポートの次の部分を読んだら、野村も「その通りや」と膝を打ったことだろう。

〈近鉄のタフィ・ローズの成功は、明らかに中村紀洋のおかげであり、ヤクルトのロベルト・ペタジーニには古田敦也がいる。ラインナップに優れた日本人がいるからこそ、外国人が生きてくるというものです。この点、阪神は過去十年以上、ドラフトで日本人主軸野手のスカウティングを怠ってきた問題がのしかかっていると思います〉

吉村のレポートを読んで、野崎は目指している方向が間違っていないことに確信を持った。

――球団の総合力で負けてたんやな。

タイガースの敗因を問うと、ある者は「外国人スカウトが下手だ」と指摘し、別の職員は「アマチュアスカウトこそがダメだ」と言い、スカウトたちは「いやいや、教えるコーチが熱心でないいんだ」と、それぞれ個別の問題点を挙げて逃げにかかる。だが、いつ果てるともない彼らの責任転嫁論争で終わらせずに、フロントの改革と発想の転換こそが求められているのだ。

――だからまずは、チーム作りの原点にスカウティングを置く。そして、選別したアマチュア選手素材を育成することのできる独自のシステムを築いていこう。それも監督や現場任せにせず、フロント主導でやるんや。

そのために吉村は不可欠な人材に思えた。

彼を採用したのは二〇〇二年一月一日付である。まずはタイガースの企画担当総務部課長に配置した。

2

採用されてしばらくすると、彼は野崎のもとにＢＯＳを伝える本や論文を持ってきた。その一つが、パイレーツやヤンキース、オリオールズでGMを歴任したシド・スリフトが書いた野球解説書だった。

『THE GAME ACCORDING TO SYD（シド・スリフト理論）』という。日本では翻訳されていなかったので、吉村はその第四章の一部を翻訳して野崎に読ませた。彼はびっくりした。初めて聞く野球理論だった。

――さすがにベースボールの国やな。苦労しながら改革してるんや。

『シド・スリフト理論』は、一九九〇年代のメジャー球団のフロント運営に影響を与えたと言われるもので、特に第四章は、球団GMが、既存のスカウト部門をいかに立て直して強くするか、そのノウハウを記してある。

そこから野崎が学んだことは次のようなことである。

〈強い球団を作る秘密とは、どこの世界でも同じだが、「良い情報」を集めることに尽きる。情報がなければ正しいビジネス判断はできない。スカウト部門は球団にとって情報センターであり、GMは常に新しい情報をつかむと同時に、傘下の情報センターの能力をアップグレードしていかねばならない〉

ここで言うGMは、タイガース球団の場合、国内外のスカウトからコーチ、スタッフに至る編成部門を統括する球団本部長にあたる。野崎も専務時代に球団本部長を経験していたが、二〇〇一年に電鉄出向組である後任の球団常務にそのポストを譲り、社長に昇格している。

野崎は後任者が吉村と力を合わせて、これまでの眼力頼みの従来型スカウト活動から脱することを願っていた。そこから、スケールの大きな選手を掘り出し、育てていこうとしたのだが、そう簡単にはいかなかった。

これは私も経験したことだが、ＢＯＳを持ち出すと古参のスカウトやコーチはしばしばこう言うのだ。

「パソコンは私たちの頭の中にもあるから、そんなものを有難がることはありませんよ」

彼らにも独自の哲学がある。だが、そう笑う者に限って、まともなレポートを上げようとしないし、選手の視察報告は抽象的だった。スカウト部長以下、十人以上がうちそろって視察をしたからと、まともな報告書を書かない。そして夜はせっかくだから宴会を、という運びになるのを野崎は見ていた。

会議になると声の大きな者、地位の高い者の意見が勝ち、新人選択の経緯についても記録が残らなかった。

新人ドラフトは、企業の観点からすれば毎年四億円から七億円をつぎ込むビッグプロジェクトだ。球団代表に就いたころの私は、巨人の過去の編成やスカウト資料を探したが、「これという記録が見当たらない」「スカウト部長が代わったのでよくわからない」と言われ呆然としたことがある。巨人でも阪神でも、新任の球団幹部や監督が「なぜ良い選手が発掘できないのか」「どうして良い情報が上がってこないのか」と首をひねることが繰り返されてきたのだ。

ＢＯＳ改革の指南書である『シド・スリフト理論』は、これに一つの答えを出している。シドの言う、ＧＭやスカウトが「集めるべき情報」とは、頭の中のパソコンにある、ぼんやりした情報ではなく、スカウトすべき高校生や大学生に対する精緻な能力評価と記録だった。シドは、まず複数のスカウトたちに指示して、アマチュア選手のあらゆる能力を数値で評価させ、それをもとにスカウト間で喧嘩に発展するほどの議論をさせた。その数値評価について、彼はこう書いている。

〈野手は、肩の強さ、送球の正確性、打撃力、パワー、走塁能力、守備力、フットワーク、グラブさばき、全体的な運動能力、野球センス、野球技術の学習能力、積極性、態度、60ヤード走、本塁から一塁までのタイムも計測する。

投手は、速球のスピード、ボールの質、カーブ、スライダー、チェンジアップ、フォーク、制球力、その他メンタル部分、フォーシーム、ツーシームを投げるかどうかもチェックする〉

採点方法は工夫しだいである。四〇点から一〇〇点でも良いし、パイレーツの場合は〇から六〇点方式でＭＬＢの主流は二〇点から八〇点であった。そして選手の一つひとつの能力に点数を付けたうえで、総合評価を下す。

パイレーツ基準ならば、総合六〇点はイチローのような最高の選手、五〇点はベストナイン級のかなり良い選手、四〇点はレギュラー以上の選手、三〇点はメジャーリーグの平均的な選手、二〇点なら平均以下ということになるだろう。

この手法の特徴は、スカウトの眼力や感覚頼みにせず、視察結果を数値化したうえで、記録に残すことだ。これは彼らの仕事に緊張を強いる。

「いやあ、あの選手は良かったね」

「やっぱり、モノが違うよ」

といったスカウトたちの会話に終わらせず、議論へと導く資料とし、永続的な記録として球団資産にするのである。そこに責任と反省が生まれる。

もう一つの特徴は、そのアマ選手だけでなく、自分のチームや他球団のマイナーを含むプロ選手についても、スカウトやコーチたちに評価させ、レポートを提出させることである。つまり、ドラフトで見逃したり、埋もれていたりする選手を拾い出そうとしているのだ。

コンピュータが浸透していない時代には、パイレーツでも紙のレポートにしてそれを金色のカードにまとめていたが、やがてコンピュータシステムに組むアシスタントが現れ、データとして蓄積していった。そして、推測が入った数値基準を、より客観的な基準に置き換え、パソコンソフトを更新する進化が続いている。

野崎は神戸市外国語大学英米学科卒だが、特別な欧米好き、メジャーかぶれというわけではない。速い球を投げ、遠くに飛ばす能力を「ビッグツール」と尊重し、それを検証可能な数値で評価しようという合理性と、十五年も前に、こうした能力開発手法を編み出して改良を加える先見性に驚いたのだ。それは、阪神電鉄の航空営業本部旅行部で働き、大手旅行代理店と競争した企業人として取り入れるべき知恵であった。

日本の球団でどこも採用していない以上、活用次第でタイガースのコア・コンピタンスになるはずだった。野崎はそれらを時々、取り出しては読み、ＢＯＳ改革の必要性を嚙みしめた。そして決断をした。

それは、球団のすべての情報や資料を一元管理し、共有する「情報管理トータルシステム」を構築することだった。目標は、二〇〇四年度の全面稼働である。

内部で「二〇〇四システム」と呼ばれたこの情報ネットワーク計画は、一九八九年にオフィスコンピュータを使って、スコア分析や選手査定、広報資料の作成などのシステムを稼働させたことが始まりで、続いてファンクラブの一つである「子供の会」のシステムや故障者管理システム、新スコアシステムを導入していた。

ここまでは他の球団でも導入していたところはあった。だが、野崎はアマチュアを含めた、すべての選手情報をオンラインで入力、閲覧できる独自のスカウティングシステムを二〇〇二年から構築するように指示した。吉村の情報と米国のスカウティング・オンラインシステムを参考にしたもので、運用ができれば、日本プロ野球界初の試みとなるはずだった。

つまり、日本の球団で、どこよりも早くＢＯＳという先進のシステムを導入しようと思い立ったのは、泥臭いイメージのタイガースだったのである。

二〇〇一年三月には六十六台のパソコンを職員に支給している。機械いじりが苦手のスカウトたちにもパソコン講習を実施し、まずはメール送受信といった初歩から始めた。せいぜい紙での報告だったスカウト情報を、やがてオンライン情報に置き換えて、パソコンで閲覧できるはずだった。

監督の野村はいわば、もう一匹の〝ナマズ〟である。彼がチーム改革を進めているさなかに、野崎や吉村はフロント改革を進める手はずだった。ところがこの重要な場面で、タイガースを生き返らせる〝野村ナマズ〟に異変が起きた。

野村が二〇〇一年のペナントレースのさなか、妻の野村沙知代の脱税事件のために、瀕死の状態に追い込まれようとしていた。

3

それは写真週刊誌フライデーが四月二十日発売号で、〈野村克也・サッチー夫妻に国税のメスが入った〉と報じたことが手始めだった。

続いて、週刊新潮が六月七日発売号で、沙知代の息子であるケニー野村のインタビュー記事を掲載し、東京国税局査察部が沙知代の査察に着手していたことを暴露する。七月十八日、十九日には野村が監督を務めたヤクルト球団に東京国税局の査察が入って、秘密裡に行われるはずの国税局の強制調査が、半ば衆人環視の下で続けられた。

結局、彼女は約二億一千万円を脱税したとして十二月に逮捕され、懲役二年、執行猶予四年、罰金二千百万円の判決を受けるのだが、球団は六月の段階ではまだ、野村の進退に関わる問題だとは考えていなかった。

オーナーの久万にとって、憂慮すべきは四年連続で最下位に沈みそうなことであり、ファンの意見が割れていることだ。彼は六月初旬、阪神電鉄本社の役員応接室に球団幹部を集め、

「今、ファンの声は二通りある」

と言った。

「すなわち、素人筋は『成績が悪いから野村を即刻辞めさせろ』と言う。玄人筋は『球団改革途上であるうえに、現有の戦力では誰が監督をしても勝てない』という声やな」

そして、迷いを隠さなかった。

「今季の成績がせめて五位以上で、来季の展望が開けるチーム作りができていれば留任を打ち出せるんやが、野村監督指揮下で三年連続最下位と最悪の結果になれば、ファンやマスコミが黙っていない。日本プロ野球屈指の名将が寂しい形で阪神から去っていき、今後の人生に汚点が残ることだけは避けたいと常々思っているのやけどな」

久万がふらついているのは、ファンの動向やマスコミ報道に敏感な〝風見鶏経営〟だからである。野村と妻とは別人格だし、妻の脱税は野球とは次元の異なる問題である、と開き直ることができない。

しかも、彼らは巨人や中日のように新聞社をバックにした球団とは違って、検察や国税当局

の核心情報をつかめずにいた。八月の時点では、脱税事件が沙知代の修正申告で決着する、という誤った情報がもたらされている。さらに、「十分な根拠がなく監督解任をするのは、名誉毀損にあたる」という顧問弁護士の指摘もあった。

やむなく久万たちは、表向きは野村に四年目の続投を要請し、裏ではひそかに次期監督探しを始める。

――ノムさんに悪いな。ずるいかもしれんが、これはばれたらいかん。

野崎は球場で野村と顔を合わせるのが辛くてしかたない。野村から見れば背信行為だが、「野村辞任」となったときに、球団社長が「なんも準備してません」と言い訳して済むわけがない。

チーム付きの球団担当者から、「野村監督は今日も試合終了後に、『もう監督を引くべきかな』と弱気でした」と聞くと、言葉が出ない。別の日には、「野村監督はそれでも、チームをこのまま強化できずに去ることはできない、何とかしなければ、という使命感を持っている」と伝えられる。ただ、チームの空気は冷えていた。担当者が言った。

「監督はベンチの中で正しいことを言っているのですが、どうしても批判が多く、ベンチのムードを暗くしてしまっているのです。選手に力がないのだから褒めてやるほうが良いのに、悪いところを指摘され続けて、選手はかえって自信をなくしてるように見えます。このチームは今岡誠と坪井智哉が引っ張らないとだめなのですが、坪井が『うるさいなあ』と言っていたことがありました。広島戦での今岡と監督のやり取りもトゲトゲしかった。けれども、どのコーチも選手には注意しないのです」

そんな未熟なチームなのだ。だから、久万が「ファン待望の岡田彰布の昇格もあるな」と言い出すと、「まだ早いでしょう」と野崎は進言した。彼はまだ四十三歳の二軍監督である。いま、〝ナマズ〟となりうる人材は、外様の大物でなければならないのだ。

候補は二人いた。

中日ドラゴンズの監督を辞める星野仙一であり、オリックス・ブルーウェーブ監督の仰木彬である。星野が中日監督を辞めた後で会い始めたことになっているが、実は退く前から久万は星野に会い、野崎もまた、辞任した仰木に知人を通じて接触をしていた。

久万の御庭番となったのが、いつもの虎番記者たちである。彼らを通じて、星野の意向を探っていた。

「阪神が低迷している原因は何か、あなたの意見を聞きたい。ドラゴンズのユニフォームを脱ぐんだから、話を聞かせてくれんか」という理由を付けて、久万が働きかけたのだ。招請にむけた布石である。

星野は、その席ではっきり言った。

「オーナーになられてずっと低迷し続けていますね。それは、オーナー、失礼ですが、すべてあなたの責任ですよ」

すると、久万は黙りこくって動かなくなった。星野は、もしや心臓マヒでも起こさせてしまったのではないか、と気をもんだ、と、『夢　命を懸けたV達成への647日』（角川書店）に書いている。痛いところを突いたのだ。

だが久万は、腕力のある者でなければ球団改造はできないことが身に染みていたので、言いにくいことをはっきりと言う星野に惹かれていた。

十一月中旬、「越後屋」と異名を取る記者が、「ぜひ会いたい」と野崎に電話をかけてきた。「おぬしもワルよのう」と球団職員に言わせる、あの虎番記者である。野崎が球場前の「甲子園都ホテル」に出向くと、彼は開口一番、「星野さんから伝言を預かってます」という。

「この前の会合ですが、タイガースの再建について、もっと話したかったそうですわ。もう一度、ぜひ話をしたいとのことでした」

そう言いながら、越後屋は「仰木さんは実現の可能性がありますか」としきりに聞いてくる。ここで話したことは星野にも久万にも、そして彼が働くスポーツ紙にも筒抜けだから、野崎ははぐらかしにかかった。

「球団の総意として可能性が出ない限り、動きようがないですわ」

大事なのは、星野の伝言である。彼が言う「この前の会合」とは、十一月九日にホテル「ザ・リッツ・カールトン大阪」で会ったときのことを指している。そのとき、星野は「一年か二年後なら監督はできる」と言っていた。それが今年から引き受ける気になったのだろうか。

もう一人の監督候補である仰木も指導力や話題性には事欠かない。外野手に内野を守らせたり、予告先発を見て打順や選手を入れ替えたりして、しかもこれが次々に当たるので、その采配は「仰木マジック」と呼ばれていた。野崎がタイガースに出向した一九九六年には、イチローや田口壮、谷佳知らを擁してオリックスで日本一に輝いており、関西人にはとりわけ人気があった。

野崎は仰木を強く推し、久万も「O《オー》で行こう。Oなら勝てるやろう」と言った。ただし、電鉄本社幹部の間には「女性問題が怖い。隠さない人だから」という意見がある。なお、Oは仰木の暗号のつもりである。ある日、野崎が久万の自宅に電話を入れ、Oについて話していると、久万の後ろから電話越しに女性の声が漏れ聞こえた。

「仰木さんはだめよ！」

――あっ、オーナーの奥さんや。

野崎は「仰木さんに女性問題が起きた場合、私も一緒に引責辞任します」と久万にメモを渡していたのだが、久万夫人の声にげんなりした。こりゃ、仰木さんはあかんな、奥様方を敵に回している、と思った。

結局、星野が「火中の栗を拾いに行く」と言い出して、救われたようなものだった。星野を受け入れる態勢が整ったのは十一月二十九日。球団取締役会で、「夫人逮捕の場合は野村監督に辞任してもらう」と正式に決めると、その一週間後に、沙知代は逮捕された。

星野が十二月十八日にタイガースの第二十九代監督に就任すると、野崎はコーチを集めて、長い話をした。

「闘将星野監督の指導のもとに、タイガース再生を実現するつもりでいます。二代に渡って日本で最高峰の監督の下で仕事ができるという喜びを持ってもらい、コーチ諸君が監督から積極的に学び取り、コーチ諸君が成長してくれることを期待しています」

「コーチ諸君」と二度も叫び、こうも言った。

「野村監督を招聘してもチームが勝てなかったのは、プロ野球団としての経営が間違っていた、と反省をしています。この長い低迷はフロントが戦力を整備できなかったことにあると考え、その弱点の補強に着手しました。戦略面でも、四年連続最下位という危機的状況を踏まえて最大限の補強をすることに決めました」

その宣言通り、野崎はフロント改革と、かつてないＦＡ補強に乗り出す。野崎は八か月後、三匹目の〝ナマズ〟である星野にこう言った。

「広島の金本知憲を獲りましょう」

第八章

社長室はソロバンをはじいた

オーナーは終いに漏らした。
「あれな、全部獲れたら
カネはどうするんや」

1

二〇〇二年の晩夏、阪神電鉄本社では、電鉄始まって以来の「増収効果試算」に頭を悩ませていた。

広島東洋カープの四番である金本知憲と、ヤクルトスワローズの四番を打つロベルト・ペタジーニの二人をタイガースが獲得したら、阪神グループにどれだけの増収をもたらし、グループの連結営業収益は何パーセント押し上げられるか、という数値検証である。

子会社の阪神タイガースは、新監督・星野仙一の指揮で開幕七連勝、ファンを沸かせた後、故障者が続出し、リーグ四位にまで転落していた。選手層が薄いことは誰の目にも明らかで、電鉄本社はもう優勝をあきらめている。だから、試算は翌季に備えたものだった。

他球団の主砲を二人も獲り、タイガースの主軸に据えるというのだから、球団の戦力強化につながることは間違いない。この検証は、そうしたチーム強化策以上に、投資と補強によって、彼らが「タイガース効果」と呼ぶ阪神グループ全体に与える影響を、過去三十年のデータ分析に基づいて予測することに比重が置かれていた。

試算にあたったのは、グループ約三十社の経営企画と監査機能を持つ本社社長室である。本社のエリート集団である彼らは、タイガース球団や関連の事業部門から資料を集め、十数枚のレポートを九月十日ごろに作成した。

金本は五月に他球団に自由に移籍できるＦＡの資格を得ていたが、ＦＡ選手との獲得交渉が解禁されるのは二か月以上も先の十一月十三日である。金本自身はまだ、「カープに残る方向で考えている」と語ったり、「新しいところに行けば刺激になる」と言ったりして揺れていた。

チームが好調であれば球場入場者数が増えることは、おおよそ見当はつく。社長室では、それを一九七〇年以来の数字で実証したうえ、吉田義男の指揮の下で優勝した一九八五年と、シーズン終盤まで優勝争いを演じて二位となった九二年、六月に一時首位に立った九九年（これは野村克也の監督一年目で最後は最下位に終わったが）の三例をモデルに、阪神電鉄と阪神百貨店の営業成績への影響を検証した。

そして、タイガースの好成績が鉄道輸送収入や百貨店売り上げに深く寄与し、さらに駅利用者が増えることで駅の物品販売や飲食業などの収益にも貢献している、と結論づけた。

株価への影響も検証対象であった。

前述の三つの事例の場合、阪神電鉄と阪神百貨店の株価は、タイガースが好調時には、日経平均株価や経済情勢とは関係なく上昇傾向を示していた。タイガースフィーバーが席巻すれば株価は上がり、タイガースが失速すると一転、電鉄と百貨店の株価も下落していたのだった。

だから、社長室はこう結論付けた。

「タイガースが好調であれば、グループの企業価値は向上する」

ちなみに、日本総研は一九八五年のタイガース優勝の経済効果は四百億円、二〇〇二年に優勝すれば一千億円以上と試算していた。

次は費用対効果の検証である。社長室は、二人の獲得コストを四年間で計四十四億六千万円と試算した。その数字を電鉄本社に上げたのは、球団社長二年目の野崎たちだった。

彼らは金本を四年契約とし、年俸を毎年二億五千万円、契約金に二億円、それにＦＡ選手獲得に伴ってカープ球団に払わなければならない補償金が三億六千万円と見積もった。だから、金本には四年間に十五億六千万円を投じることになる。

一方のペタジーニは三年契約とし、年俸が毎年九億円、契約金に二億円を投じると試算した。こちらは三年間に二十九億円かかる勘定だ。

実は、この増収効果試算は、野崎が星野に持ち掛けた、あの一言から始まっている。

「金本をＦＡで獲りましょう」と野崎が言い出したのは、タイガース恒例の夏の長期遠征に同行したときだった。ホテルの一室に星野がいた。

「カネモト？」

星野は虚を突かれたように声を漏らした。

「社長、本気ですか？」

「タイガースを変えることができるのは、金本のような選手ですよ」

椅子にちょこんと座った社長の目を、星野は覗き込んでいる。

「しかし、金本は浩二のところの選手やからなあ。阪神として本当に動くつもりがあるんですか」

金本は二年前に、打率三割・三十本塁打・三十盗塁以上の成績を記録する「トリプルスリー」を達成している。翌年には四番で全試合出場を果たして、一〇〇二打席連続無併殺打の日本記録を樹立した。俊足、豪打のうえに頑丈で、三年連続で全試合フルイニング出場中だった。「鉄人」の異名を取っている。だが、彼は星野の親友であるカープ監督・山本浩二が育て、頼みとする主砲だ。

それを奪うのか、という一瞬のためらいが星野にはあった。

野崎は本来、育成論者である。スカウトが選択したアマチュア選手を育て、勝ち抜きたいと願っていた。だが、ぬるま湯に浸かったスカウトたちを入れ替えてまだ二年だ。タイガース球団本部はデトロイト・タイガースGM補佐だった吉村たちを使って、メジャー流のスカウティングへと改革する途上にある。

野崎は金本獲得を星野に持ち掛ける一方で、オーナーの久万や電鉄本社幹部たちを説得していた。

「本来は自前で選手を育成しチームを強化するのが望ましいのはわかっています。確かに今季前半の快進撃と盛り上がりは、生え抜き選手の活躍によるところが大きいのですが、相次ぐ故障者の発生によって、選手層の薄さを露呈してしまいました。したがって戦力強化とそれがもたらす『タイガース効果』のためには、まずは緊急避難的にＦＡと外国人補強で、人気と実力を兼ね備えた選手を獲得する必要があるんです」

その言葉を裏付けるためにも、本社では「増収効果試算」を必要としていたのだった。

もう一人のペタジーニについては、二〇〇二年オフの外国人補強の目玉になるという共通理解が、野崎と星野にはあった。ヤクルトが高額な年俸に音を上げ、放出する方針を示唆しており、ペタジーニが条件の良い球団に移籍するのは確実なのだ。大金を投じ、星野の情熱で金本とペタジーニの両取りをする、というのが野崎の考えである。

そうした背景があって、育成論者のサラリーマン社長が、金本獲得を想定していなかった監督に大補強を促す、逆転した構図が生まれていた。

さて、試算結果である。

社長室は、過去のデータから、二人を獲得して優勝した場合は、観客動員数が毎年二百四十万人に達するが、獲得せずに三位に終わればそれより五十五万人は減る、と試算した。収益増は入場料収入とテレビ放映権料収入、運輸関連収入、百貨店セール売り上げを加えると、二〇〇三年だけで六十億円近くが見込まれた。こうした試算結果から社長室は、金本、ペタジーニらの補強により、阪神グループの連結営業収益は最大二％近く押し上げられる、と見込んだ。

これを金本の四年契約最終年の二〇〇六年度まで含めると、増収効果は実に百五十億円近くに達する。四年で四十四億六千万円という二人の獲得コストを差し引いても百億円はもうかることになる。

その試算結果を見るまでもなく、野崎には躊躇するところがなかった。

——カープには悪いが、どうせうちが黙っとったら、また巨人が獲りよる。今度ばかりは先手必勝や。やらんといかん。

そしていま追い風を受けている、と思っていた。

風は、オーナーの方から吹いている。阪神電鉄の会長でもある久万が金庫の扉を開ける気になっているのだ。ライバル巨人のようにカネを使って他球団の選手をもぎ取るやり方に彼は抵抗を感じていたが、監督や社長をすげ替えるだけでは優勝や球団の業績回復は望めないことは身に染みている。

久万が信頼を寄せている電鉄常務の宮崎恒彰は、同期入社である野崎の改革に理解を示していた。宮崎は、タイガースブランドの向上が阪神グループの業績に直結することが分かっていた。

本社の彼らにとって、タイガースのミッションは、チームの勝利によってファンを集め、その波及効果でグループ事業により多くの収益をもたらすことである。そのための手段として、宮崎もFA、外国人選手の獲得はやむを得ない、と考えていた。

それに、タイガースが優勝すれば、久万が電鉄社長時代から心血を注いできた巨大プロジェクトに華を添えることができる、という計算も、社長室にはあった。これは阪神電鉄が大阪駅前で進める再開発事業「西梅田プロジェクト」である。

大阪の東梅田一帯は、阪急百貨店をはじめ、鉄道事業の強大なライバルであった「阪急」という名の付くホテルやビル、商店が並んでいる。これに対し、立ち遅れた久万は「西梅田再開発というチャンスを生かし、阪急の東梅田とは一味違う文化的施設を作る」と巻き返しをはかってきた。

プロジェクトの第一期工事は一九九七年に終わり、「ザ・リッツ・カールトン大阪」が入居する超高層ビル「ハービスＯＳＡＫＡ」を建設していた。そして、第二期プロジェクトとして、大阪四季劇場などが入る巨大な複合商業ビル「ハービスＥＮＴ」が、二〇〇四年の完成を目指し建設の真っ最中だったのである。

電鉄社員たちに言わせると、それは「久万さんの偉大な功績の仕上げ」となるはずだった。

2

しかし、カネを積めば選手が獲れるというものではない。

大事なのは、金本の気持ちをつかむことであり、カープ球団の対応であり、ライバル球団との獲得競争に勝ち抜けるかどうか、である。

星野は野崎の真意を聞くと、カープ監督の山本とひそかに会った。二人は東京六大学時代からライバルとして戦い、プロ入り後は互いの家で食事をしたり、監督となった後も胸倉をつかんで乱闘したりした間柄である。

星野によると、山本にこう告げた。

「お前のところは金本のFAを認めるんか。本気で引き留めるんか。よそへ出さへんのやったら、ちょっかいは出さん。ただし、そうでないんやったら、俺は本気になって獲りに行くぞ」

野崎はこう読んでいた。

――うちは有利や。金本は広島で最優先の選手として扱われてこなかったし、カネもそうは出せない。巨人も松井秀喜がいるから今は金本獲りには動けない。

巨人はFA権を取得して結局は大リーグに移籍する松井に対し、最後まで慰留に努めていた。移籍問題が落ち着くまでは、同じ左打ちで外野手の金本獲得など言い出せるわけがない、と考えたのだった。

移籍交渉解禁日の四十日前、野崎と星野は、久万やオーナー代行で電鉄社長の手塚、宮崎らの出席を求めて会議を開き、大補強の対策を練った。といっても、星野がすでに獲得工作を始めているので、その現状を聞き、久万らがお墨付きを与えるという格好である。

星野は金本、ペタジーニに加え、三か月前にFA権を取得したばかりの近鉄バファローズの四番・中村紀洋の名前を挙げ、前テキサス・レンジャーズ投手の伊良部秀輝もいる、と言った。

「中村に早く会って結論を出し、金本とペタジーニには全力で行きたいんですが、ペタは十億円以上ならいりません。金本はファームから上がってきた努力家で、指導者になりうる素材でもあります。まだ三十四歳で足も速い。カープの山本監督は『残す』と言っていますので、あの手この手で口説かなければならない。いろんな駆け引きもあるし」

「どうやら全貌が見えてきたな」

久万は社長室の増収効果試算を読んでいるせいか、いつもの渋ちんに似合わず、「ペタジーニが三、四人というなら驚くかもしれないが、これぐらいでは驚かない」と威勢が良かった。

久万はこの少し前、新聞記者たちに、「球団で金が足りなければ本社で努力する」と公言していた。これも試算に盛り込まれていたことである。

タイガースに余分なカネは持たせないというのが、これまでの阪神電鉄グループの方針であることは既に記した。阪神電鉄ではタイガースの入場料収入が増えれば増えるだけ、球場使用料を逓増して吸い上げてきたのだが、その結果、タイガースの内部留保金は五億円にも満たなかった。このため、電鉄本社や阪神百貨店がとりあえずその資金をタイガースに融資するしかなかったのだ。

久万はここに来て、あれこれ自分で差配するのが楽しいようだった。

「ペタジーニを十億円とすると、どうなるかな。こちらで計算するから、聞いた話はこっちに全部持ってこい。直接、話をしたいが、記者がうるさい。記者は毎日のようにわしのところにやってくるんや」

星野は釘を刺した。

「記者は、オーナーから最終発言を聞けると思っているし、オーナーがリップサービスをするからよけいに行くのです。コーチ人事のことも、お願いだから、先々のことは言わないでほしいんです」

怖いのは勇み足や久万のおしゃべりだった。交渉解禁日前にFA選手と交渉するのは球団の保有権を侵害するプロ野球協約違反なのである。そのすれすれのところを星野は走った。

だが、金本が獲得できそうになると、久万は心配になったらしい。中村の代理人という人物が年俸や契約金を吊り上げているという情報もあった。野崎に久万は漏らした。

「あれな、全部獲れたらカネはどうするんや」

野崎も中村側の吊り上げには弱っていた。「困ったことになりましたなあ」と星野に告げると、「いやあ」という声が返って来た。

「三人追いかけて、一人取れたら上等ですよ」

一方、金本を獲られる側のカープは必死だった。取締役球団部長の鈴木清明は、金本に何度も残留を要請したが返事ははかばかしくない。

監督の山本は、「彼とちょっと話したい」と言い出し、金本が参加していたリハビリキャンプに向かった。鈴木は「ああ」と一瞬思ったが、「どうぞ、お願いします」と言うしかなかった。監督は最後の切り札だったのだが、もうそのカードを切るしかないところに追い込まれている。

「頭を下げ、土下座してでも残ってもらいたい」

と山本は記者たちに言った。

――金本よ、浩二さんと星野さんを天秤にかけるのか。

板ばさみの金本は苦しんだろう。だが、鈴木は悔しくてしかたなかった。引き留めるカネがないのだ。

結局、タイガースが獲得できたのは、星野の言葉通りに、金本一人だった。そこに、伊良部やドジャース傘下の3Aにいたジェフ・ウィリアムス、日本ハムの先発投手だった下柳剛、常磐大のエース・久保田智之ら二十五人を加えて、星野と野崎は「血の入れ替え」と呼ばれる大胆な編成を断行した。

しかし、野崎にも二つの誤算があった。一つはアナログの球団守旧派の抵抗である。大補強をしている裏で、彼は懸案のフロント改革の柱として、この年の六月、タイガースのスカウティング・オンラインシステムをついに完成させた。阪神電鉄グループは、コンピュータ関連事業やソフトウェア開発に携わる「アイテック阪神」を抱えており、その子会社を巻き込んだプロジェクトだった。電鉄本社は財布のひもが固いが、グループ企業に資金が回る事業に関しては大目に見てくれるのである。

タイガース球団の文書に、誇らしげな記述が残っている。

〈米国でのスカウティングシステムを参考にして、選手情報がオンラインで入力、閲覧できるシステムを（多分、日本のプロ野球界では初めての試み）稼働させた〉

これは、前述のシド・スリフトが紹介した理論を実践に移したもので、アマチュア選手を視察したスカウトが選手の能力を数値で評価して、その情報をパソコンで入力し、共有、保存する試みだった。

このシステム自体は当時の大リーグ球団ではすでに普及していた。野手でいえば、スカウトらが選手の打撃力や守備力、パワー、走塁能力などを、決められた採点方式に従いパソコンに打ち込んで記録していくのである。

タイガースのシステムは国内第一号だからメジャータイプから見ればまだ未熟だったが、こうしたシステムは運用しながら改良していくもので、活用を続ければ日本球界にスカウト革命を起こす可能性もあった。実際、タイガースのスカウトがパソコンを手に球場に現れる姿が報道されていた。

ただし、このシステムは導入することよりも、スカウトやコーチたちにその意義を理解させ、継続的に活用させるのが難しいのだ。それまでスカウトが視察した情報は、せいぜいスカウト部長に電話かメールで報告する程度だった。だから、彼らに常にパソコンを携行させ、視察すると同時に打ち込めと指示すると、次第に強い抵抗を受けるようになった。

「面倒だ」「こんなものが本当に必要なのか」というのである。そのために、フロント改革の目玉であるオンラインシステムが、完成したのに十分に機能させられないのだった。

そして、もう一つの誤算は、星野の体調である。

3

星野の主治医のメモは、「死ぬ気でやる」という言葉で周りを奮起させた向日性の人が、真に命がけで監督を務めていたことを物語っていた。

〈星野監督は、ストレスによる自律神経失調症から来る高血圧症で、治療して血圧をコントロールできるものではない。通常の血圧は上が110-120であるが、ユニフォームを着た途端に戦闘態勢に入り、150-160に上昇する。血圧降下剤を二種類と、試合開始直前に自律神経安定剤を飲ませているが、試合終了後、ホテルに着いた時の血圧は、悪いときには190になっている〉

〈発作が起きて突然死することがある〉

そのあたりまで読んで、野崎はベンチに立つ星野の姿を思い出した。

――じっとこらえていたんや。

〈試合中に腕組みをすることが多いが、諸症状を我慢するためである〉
という一文がメモにはあった。

高血圧に悩んでいたことは、監督一年目の二〇〇二年、開幕戦で倒れてから、わかってはいた。このときは、井川慶の好投で巨人相手に三対一で逃げ切ったのだが、張り詰めた緊張感から星野の血圧が上がり、試合後、ベンチ裏のビジター監督室で休んでいた。血圧は二一〇に上昇していた。

二〇〇三年、タイガースは開幕三連戦で首位に立つと、移籍組の金本やジョージ・アリアスを中心に一試合平均五点以上も奪い、六月末に二位に十二・五ゲーム差をつけて、七月八日にはセ・リーグ史上最速の優勝マジックナンバー四十九を点灯させた。星野は試合中に立っていられないことが四度あり、七月二十七日の中日戦では、ベンチ裏で嘔吐し、緊急治療を受けた。

「リードして、この試合は落とせん、と思うと、血圧が上がるんです」
と星野から野崎は聞かされている。

だが、チームの快進撃に誰もが酔い、星野の肉体への気遣いを忘れていた。そして、九月十五日、とうとうセントラル・リーグ優勝を成し遂げた。なんと十八年ぶりである。

十年連続Bクラス、うち六回はどん尻だったから、野崎と星野が仕掛けた大補強の成果は明らかだった。

ファンは、新戦力と変貌した今岡誠や赤星憲広ら生え抜き選手の活躍を見ようと球場に押しかけ、連日の満席。あらゆるタイガースグッズが飛ぶように売れた。優勝時のビールかけで選手が着たTシャツは五十万枚、一セット十枚七百円の優勝記念はがきは五十万セット。十万人を目指したファンクラブ会員は九月早々に目標達成し、応援歌の六甲おろしの大合唱を収めたCDを特典に、十五万人へと上方修正した。

――補強は一時しのぎの策やけど、死に物狂いで強くしたら、やっぱりそれだけの利益があるんや。ええかげんな妥協をせず、あきらめたらあかん、と言い続けてよかった。

野崎は前年に、阪神電鉄社長室を悩ませた「増収効果試算」は的を射ていた、とも思った。それは金本とペタジーニの二人の四番打者を補強して優勝したら、甲子園球場の観客動員数が毎年二百四十万人に増え、阪神グループの連結営業利益は最大約二％増すという試算である。ただし、ファンの熱狂は、社長室の試算の数字をはるかに超えていた。二〇〇三年の甲子園球場入場者は、予測を十万二千人も上回る史上最高の二百五十万二千人に達した。他球場も含めた総入場者数では三百三十万人となり、これまた新記録である。

星野が監督になってから球団売り上げは百億円を突破していたが、この二〇〇三年は前年比六七％増の百七十九億三千二百万円。これは藤田平が監督を務めた一九九六年の三倍近い。

つまり星野はファンの期待を巨大風船のように膨らませ、優勝とともにタイガースブランドを輝かせたということになる。

「取材を受けてくれ」「グッズを送れ」「品切れや」「全国の優勝セールはどうなるのか」「パレードはどうする」……そんな問い合わせや注文が殺到し、球団職員の残業が続いた。

――世の中が喜んでくれてる。待ちに待った忙しさや。

結局、ペタジーニをライバル巨人にもっていかれた分だけ経費も安上がりで、経常利益は前年の十一倍の二十七億七千五百万円に跳ね上がる。球団は、株式を持つ親会社の阪神電鉄に、それまでの十倍の配当をした。

グループ企業の二〇〇三年度の経常利益を見ると、親会社の阪神電鉄は前年比三九・八％増の百六十六億九千二百万円、阪神百貨店は二九・五％増の三十五億七千四百万円に達した。UFJ総合研究所は、優勝の経済効果を六千億円と試算し、「阪神タイガース」のブランドも、『日経MJ（旧日経流通新聞）』が主催する〇三年ヒット商品番付の西の大関に選ばれた。

野崎は、球団職員にも報いてやろうと考えて、百万円のボーナスを支給した。だが、電鉄からの出向者には、二十万円の商品券にした。

（浮かれたらあかん）という声が野崎の心にあった。

一九八五年の優勝時に、みんなに百万円のボーナスを配り、「同じ電鉄社員なのに、球団出向者までごっつい金もらいよった」と本社幹部の怒りを買った。それが「球団には余分なカネは持たさない」という厳しい上納システムにつながっていた。

（オーナーや本社に盾突いてきたのに、我ながら意気地ないな）と、思ったのだが、事がカネだけに、それでやっかみを招くのがいやだった。本社はようやく上納システムの見直しを検討し始めていたのだった。

それでも、妻の艶子は、「ええよ、嬉しいわ」と言ってくれた。

――うちは「ありがとう」という言葉が少ない家だ。欧米人と違うしな。

と野崎は思っている。優勝のこの年に家族を甲子園球場に招いたこともなかったし、彼女も家で特別な祝いをしようとはしなかった。

そのころのやり取りはよく覚えていないが、艶子が「よかったねえ」と笑いかける回数が増えたことは確かだ。「気を使ってくれてんねんな」というぼんやりした思いがある。

記憶がおぼろげなのは、喜びの後の衝撃があまりに大きかったためでもある。それはリーグ優勝から十二日後、九月二十七日の夜だった。野崎はＪＲ芦屋駅前のホテル竹園の二階和室で星野と会っていた。

「野崎さん、昨日はオーナーにあんな話をしましたが、辞めると決めとったんです。血圧が高くて……」

淡々とした星野の言葉を、野崎は呆然と聞いた。

「日本シリーズはもちろん戦いますよ。でも来季は続けられない」

前日、彼は電鉄本社に久万を訪ね、優勝報告をしている。来年も頼む、という久万に、星野は「健康状態に自信がないので、健康診断を受けてから決めたいんです」と言っていたのだ。

それからしばらく、星野の打ち明け話が続いた。

試合後のホテルのエレベーターでときどき座り込んでいたこと。ストレスで胃の粘膜から出血すること。血圧が上昇すると脳圧も上昇して、主治医から瞬時にあの世行きとなると警告されていること。

中日の監督時代から六月頃になると体調が悪くなり、優勝争いが激化するとさらに血圧が上昇していたこと。タイガースの監督になってから、これまで以上のストレスが生じ眠れなかったこと。それに、二人の娘から「母親を失い、このうえ父までなくしたくない」と言われていること……。

「だからもう続けられません」

野崎の中に、（俺は何を見ていたのか）という苦い思いが広がった。

星野は、主治医を東京ドームや神宮球場にも帯同させていた。

「その先生がね、『あなたはグラウンドで脳出血でも起こして死ぬのが本望かもしれないが、周りが迷惑する』と言うんですよ。私が試合に出て、あるいは死なないでいられるかもしれない。でも先生が言うには、『発作の連続で一年を送るだろう。精神的にも肉体的にもどん底へ行ってしまうよ。それでもいいのならやってもよい。個人的には野球を続けてほしいが、医者としてはいつ倒れるかもしれないので勧められない』とね」

星野はそんな話をして、

「ご飯を食べましょうや」

と言った。

野崎は驚きと後悔からようやく解放された。いつもの牛ロースと野菜の甘辛炒めが運ばれてきた。星野が来るとホテルが、「星野スペシャル」と呼ぶそれを用意するのだ。

星野はそのころ芦屋のマンションに一人で住んでいた。団地住まいの野崎とは隔たりはあるものの、同じ芦屋で下戸同士だったから、二人でよくこの料理を食べた。

そうしたなかで、星野が一人の管理職としても優れた資質を持っていることを、野崎は気づいていた。統率力だけでなく、アイデアにあふれ、発信力もある。チームを裏で支えるスタッフ全員に自費で毛ガニを送ったり、女性職員たちをホテルの夕食やカラオケに招待したり、新聞記者を毎朝集めて「お茶会」を開いたりして、カネも気も使い続けている。

後任の監督はここまでできんやろ、大変やな、と常々考えてきた。

——タイガースはこの男を失ったらあかん、そう思ったとたんに、思い付きが野崎の口をついた。

「例えば、岡田君（彰布一軍コーチ）を監督にして、星野さんを総監督にするいうことはできないですか」

「それはやっちゃいかんな。チームが二重構造になりますからね」

それでも野崎は、以前からぼんやりと思っていたことを話した。

「では星野さん、私の代わりに球団社長になってくれませんか。私が副社長でもなんでもして支えますから、フロントで働いて下さい」

誰に相談したことでもない。だが、引き留めたいという願いがあり、五つ年下の星野が今、社長としてふさわしい器なのかもしれない、という思いがあった。

企業社会には、外部から招いた異能の人物が会社のトップに就いて大胆な改革を進める例がたくさんある。野球界でも、「魔術師」と呼ばれた三原脩《おさむ》が日本ハムファイターズの代表取締役社長兼球団代表に、「球界の寝業師」の異名を取った根本陸夫は、福岡ダイエーホークス代表取締役社長として辣腕を振るった。優れた野球人なら社長も務まるのである。

星野は黙って笑っていた。

翌日は日曜日である。野崎は久万の自宅を訪ねて、星野の意向を報告した。久万は不機嫌を隠さなかった。

「お前、もっと早うから知ってて隠してたんちゃうか」

野崎はがっかりした。信用されていない。

「本当に悪いんか」

「はい。星野さんがもしこのまま監督をやってくれても、来季のシーズン途中に体が悪くなるかもしれません。そうなれば私が責任とりますが、現実には難しいでしょう」

久万は星野の症状を詳細に聞いて、ぽつりと漏らした。

「次は岡田やな」

野崎は前日に星野に言ったことを、その場で持ち出した。

「星野さんを球団社長に据えたらどうでしょうか」

「そんなあほなこと言うな！」

取り付く島がなかった。

球団経営は大雑把に言えば、総務・経理と営業、チーム編成部門の三つに分かれている。このうち総務・経理を事務屋が支え、星野に営業や編成を託せばどうだ。そう考えて、野崎は球団取締役会でも提案をしたが、出席者に鼻で笑われた。

――そうやろか。社長は電鉄生え抜きの事務屋でないといかんのか。

久万たちの考えもわからないではない。未知数だし、外様の人間に、球団の上納システムや選手の年俸、契約金のような秘密を知られるのが嫌なのだ。

久万が星野に拘泥しないのは、生え抜きの岡田を可愛がっているからでもある。一年前、野崎が二軍監督の岡田をＮＨＫの解説者にと動いたことがあった。岡田はいずれ監督に就く人材なので、外に出て広く学んでほしかったのである。すると、最初は、いいことや、と言っていた久万が急に、「お前と星野は二人して岡田を追い出そうとしているんやないか」と怒り出した。

かなり後に久万が、「わしは星野監督を始末してから、オーナーを辞める」と漏らしたという。今度は星野が「始末とは何や」と烈火のごとく怒った。星野は久万が支配するには手ごわい相手で、年俸も高い。辞めさせるときには「西のクマ」と呼ばれる自分の腕力が必要だ、と言いたかったのだろうか。

星野の改革力とブランドの力を分かっていたのは、電鉄専務に昇進した宮崎である。彼は星野の主治医に会った。そして医師から症状の重さを聞いてもなお、「星野さんは辞めさせたらもったいない。阪神につないでおかなあかん」と主張した。

結局、新監督に岡田を据え、星野には「シニア・ディレクター（ＳＤ）」という聞き慣れないアドバイザー職に就いてもらった。野崎が渉外部の知恵を借りて、「どこも刺激しない訳の分からん英語の肩書にしよう」と図ったのだった。

同じ日に、球団と星野、岡田の三者は、久万の意を受け、それぞれの業務分担を定めた確認書を取り交わした。タイガースが岡田に監督業務を委託したうえで、星野ＳＤの権限の範囲を定め、三者がこれを確認したという内容である。野崎が言う。

「要するに、岡田監督の采配に星野さんは口を出さへん、だから安心しろということですな。口頭ですむことですよ。星野さんは総監督も断って現場に介入するつもりなんかないのに、わざわざ確認書まで求められて、むかっとしたやろうけどね」

久万が岡田昇格の意向を固めたころ、野崎のもとに〈球団本部におけるシステム計画の提案〉と題するレポートが上げられた。メジャー流のスカウティング改革を目指す総務部次長の吉村らがまとめたものだ。

彼らはこう訴えた。

「二〇〇二年度から採用したプロ・アマスカウティングシステム計画を、なんとしても継続運用させてください。そして、二〇〇四年度には計画通りに、『情報管理トータルシステム』を稼働してほしいのです。あれで球団のすべての情報や資料を一元管理し、共有できるのですから」

吉村たちは苛立っていた。せっかくのスカウティングシステムが肝心のスカウト会議などで活用されることはなかったからである。

野崎は旗を振るが、球団本部長を始めとした幹部がその先進性を理解していなかった。吉村を支援すべき野崎は、優勝セールの調整から、星野辞任問題、新監督とのやり取りに至るまで、目前の仕事に忙殺されていた。

妻は心配した。
「碌なことないで、
ナベツネさんと衝突したら」

第九章

血を流す覚悟はあるか

1

「お父さん、ナベツネさんと喧嘩したらあかん。あの人は怖い人や」

そんな艶子の声を、野崎はその年、何度聞いたことだろう。

読売新聞グループの総帥である渡邉恒雄に盾突くな、と妻は言うのである。夫が突っ走る性格であることは、彼女が誰よりも知っていた。だからいつもは、(なるようにならな、しかたない)と見ているだけで、仕事に口出しするのは珍しいことだった。

「喧嘩したら絶対に負けるよ」

面と向かって言われたときもあり、眼を伏せて聞くこともあった。

「碌《ろく》なことないで、ナベツネさんと衝突したら」

「大丈夫や。世論がバックアップしてくれてる。心配することないよ」

あんまり怖がるので、きちんと説明もした。

「わしは正しいことをしているのや。渡邉さんに反対せんでいて、いまのプロ野球の二リーグ制が一リーグになってまうと、ものすごくプロ野球の縮小になるんや。球団だけが減るんやなくて、選手もぎょうさん減る。本当の野球ファンは残念がるよ。プロ野球そのものに影響あることなんや」

初めは、野崎家で話題に上ることではなかったのである。

それは日本経済新聞が二〇〇四年六月十三日の一面で、近鉄球団とオリックス球団の合併交渉を報じたことが始まりだった。近畿日本鉄道が、傘下の大阪近鉄バファローズをオリックス・ブルーウェーブを保有するオリックスに譲渡するというのである。

その記事には、〈今回は、球団譲渡が球団合併や、現在二リーグのプロ野球を一リーグに統合する一リーグ制の議論に発展する可能性があり、予断を許さない状況だ〉ともあった。

迂闊なことだが、その記事を読んだ野崎は、〈パ・リーグは困りよるねんなあ〉と思っていた。

プロ野球の興行の仕組みは単純で、セントラルとパシフィックに分かれた二つのリーグが各六チームでリーグ戦を繰り返し、両リーグの優勝チームを決め、その年の日本一を決定する日本シリーズに臨んでいる。ところが、パ・リーグの二つの球団が合併して五チームになると、パ・リーグは毎回一チームが余って、新規参入球団を加えない限り、変則的なダブルヘッダーを繰り返すようないびつな興行を迫られる。

――まさか、二リーグがいきなり一リーグになるわけはないやろ。

野崎は、この機に球界を再編しようとした、渡邉やパ・リーグオーナーたちの思惑に、まだ気付かなかった。

渡邉と親しいタイガースオーナーの久万にも、それほどの切迫感は感じられなかった。久万は記事が出た翌日の午後三時、新監督の岡田彰布を、ホテル「ザ・リッツ・カールトン大阪」

の一室に呼んで一時間四十五分に渡って話を聞いている。

二〇〇四年はタイガースの連覇がかかった年だった。前年の立役者である星野がユニホームを脱ぎ、今度は四十六歳で生え抜きの岡田の出番である。その采配や選手を見ようと、チームの向かうところ、どの球場も満員だった。ちなみにこの年のタイガースの観客入場総数は、優勝した二〇〇三年の史上最高記録を更新する三百五十二万三千人に達した。

ただし、成績は六月が終わってみると、タイガースは首位の中日ドラゴンズに五・五ゲームも離されている。新監督・落合博満の、「オレ流」采配は冴えわたっていた。

「昨年より故障が多く、一人一人の調子も悪いです。助っ人のマイク・キンケードはもう少しやってくれると思った。だめなら片岡篤史がいると思ったのですが、まさか二人とも故障するとは思いませんでした」

久万に対する説明は、プライドの高い岡田にしては愚痴が多かった。彼は自分の野球観に、頑固なほどの自信と信念を持っている。あらゆる勝負事に負けるのが嫌いで、感情をむき出しにする闘将・星野とはそりが合わなかった。久万は、その岡田が星野流の叱咤激励型から脱し、自主性を重く見る独自のチーム作りと采配を心掛けているのを知っていた。だからこう水を向けた。

「何で星野のやり方がいかんと思ったのかね」

「一〇〇％星野さんのやり方を変えるつもりはないんです。根本にあるのは昨年がうまく行き過ぎたということです。力以上のものが昨年はあった。星野さんのやり方に味を付けたかったです」

「星野は一度に二十四、五人の首を切った。外から来てある意味、冷酷なことができたな」

開幕直後、球団本部と管理部は、「岡田監督像について」と題するA４判十二枚のレポートを作成し、上層部に提出している。

それは、①岡田の性格と長所、短所　②野球観・勝負勘　③コーチングスタッフの選び方　④人脈　⑤マスコミ対応　⑥好きな言葉　⑦家族　⑧吉田義男、野村克也、星野の歴代監督との比較――の八項目について詳細に分析したもので、久万のところにも上がっていたはずだった。

その中に、岡田は〈'87オフ就任の村山実監督以降の監督で、優勝を狙える戦力を有して一軍監督に就任した唯一の存在〉という趣旨の一文もあったが、どうやら二〇〇四年に限って言うと、それは期待だけに終わりそうな雲行きだった。

しばらくすると、久万はあっさりと言った。

「今までの話を聞くと、今年は優勝が難しそうだな」

「まだまだ八十ゲーム以上あります。六月を乗り切れば何とかなります」

「テレビでは監督のしかめっ面がよく映ってる」

「あまりゲーム途中で喜怒哀楽を出してもいけないと思っています。現状は何とか、もがきを抜け出したいと思っています」
そんな決意を聞いた後、久万は唐突に言った。
「話は変わるが、今の選手の中から誰が監督になれるか、そんな目で人材を見ておいてほしい」
久万は、「球団社長と監督は私が決める。しかし、次期監督は誰が良いのか常に準備してお
け」というのが口癖である。岡田の次の監督も自分が決めるというのだろう。いずれにせよ、
まだ実戦二か月の、もがきの中にある新人監督に対してふさわしい言葉ではなかった。
久万は「また七月にでも会いたい」と告げた。だが一リーグ問題が急展開し、野球談議どこ
ろか、球団だけでなく球界が蜂の巣をつついたような騒ぎになっていく。

艶子が夫の身を案ずるようになったのは、その七月からである。
七日に開かれたプロ野球オーナー会議のニュースを聞いて、野崎は仰天した。
その会議で、西武ライオンズオーナーの堤義明が爆弾発言をしたのだ。「パ・リーグで近鉄、
オリックス以外に、もう一組の合併話が進んでいる。発表できる段階ではないが、どことど
こが一緒になるか模索している」という趣旨である。それで一リーグ制の議論が一気に進んだ。
オーナー会議議長だった巨人の渡邉は一リーグ制推進論者で、驚く記者たちに言い放った。
「十一チームなら、（来季は）二リーグでやる。もう一つの合併が実現すれば、一リーグ制に
移行できるかどうか、九月に取り決めをしたい。一リーグ制は完璧な（セ、パの）交流戦であ

り、目新しい対戦で面白みが出る」（読売新聞）
——これは高みの見物どころやない。球界存亡の機や！
野崎は自分の甘さを思い知った。彼は七月一日付の人事異動で、球界の議決機関である十二球団実行委員会のメンバーに、それもセ・リーグ理事長として復帰し、ようやく大きな潮の流れに気づいた。その後の実行委員会は、パ・リーグを中心に、まるで来季にも一リーグ制へという流れになりつつあった。タイガース球団では、まだ一リーグ制は正式議題にもなっていないのである。

2

阪神電鉄での議論は、「もう一組の合併話」が明らかになって六日も後のことだ。野崎は焦りを感じていた。

「巨人以外は一リーグ制についていけません。追い込まれた感じがします」

阪神電鉄本社九階会議室で開かれた球団役員会で、彼は久万ら十人の幹部を前に、こう切り出した。球団側が配布した資料などで、一リーグになれば、セ・リーグ各球団が巨人戦の放映権料収入だけでそれぞれ十億円を失うことが明らかだった。

ところが、渡邉と友好関係にある久万は、「自分も将来は一リーグ制導入を、と考えていた」と漏らしたかと思えば、「この問題は電鉄本社に響く、目の前で響く」と嘆いたりした。

あるいは、「巨人は強い。しかもわがままであるからいけない。それをぶつけてみるか」と怒って見せたりして、はっきりした方針を示すわけではなく、役員たちは真意がつかめなかった。

――いつも巨人の後ろにくっついてきたから、決心がつかないのや。

野崎は、巨人戦というドル箱を捨てられないのだ、とも思った。そのために久万に向けた彼の言葉は、刺すようなものになった。

「一リーグ制の早期導入に反対するのであれば、巨人と袂を分かつという決心が必要です。巨人は最終的に一リーグ八球団を想定しているようですが、それでも各球団は持ちこたえることができないと考えます」

「一般論として」と間を置き、阪神電鉄専務の宮崎が助け舟を出した。

「自由主義経済なのだから、強者と弱者とが存在するが、弱者を減らしても利益は出ないから再度の縮小を呼びますよ」

球団の数を十二から十、さらには八つに減らし縮小均衡を保っても、ファンの総数は減り、不入りのカードや新たな弱小球団が生まれる。巨人のような強者は常に残るが、球界がじり貧のスパイラルに陥っていくという冷静な経営判断である。

野崎が再び強調した。

「プロ野球というのは組合ですから、その基本は戦力の均衡であり、それらは選手保留権やドラフト制度により担保されるべきものです。つまり、競争相手を叩き潰しては成り立ちません。

したがって、きょうの午前中、ここで星野シニア・ディレクターが発言したように、プロの入口であるドラフト制度に金がかからないようにしなければなりません」

星野はこの役員会に先立って、久万に「一リーグ制にしてはならない」と強く主張し、球界が赤字経営だというけれども、カネのかからないドラフトで戦力均衡を図れば二リーグで十分にやっていける、と説明して帰った。それはプロ野球選手会と似た考え方であった。

――近鉄の合併話が浮上して一か月で、なぜ球界は一リーグへ流されているのか。渡邉らの一リーグ構想はあまりに強引ではないか。

誰もが思っていた疑問に、オーナー会議に出たはずの久万は、「なぜこういう流れができたのかわからない」と漏らし、こうも言った。

「逆に当球団が先頭に立ってセ・リーグをまとめることができれば、反論することが可能でないか」。本音では、来年からの一リーグ制導入は早すぎる、と思っていたのである。それで役員会の流れは、一リーグ制の実施を延期させる方向に傾いた。

ただし、「球界のために」という純粋な気持ちから役員会がそうなったのではない。役員の一人が「何が正しいかよりも、一番損をしないようにということか」と発言したのが、彼らの気持ちを代弁している。

これはビジネスなのである。

「十球団になったら広島は一年で破綻します」

野崎が言うと、久万は淡々とした口調で言い返した。

「そうなると広島は存在すること自体に無理がある。潰れても仕方がない。しかし、当球団はそうか否か。必ずしも十億円の減収を恐れない」

その二〇〇四年から、カープの鈴木清明は睡眠薬と降圧剤を飲み出した。五十歳になった三月六日には禁煙も始めている。取締役企画本部長兼球団副本部長で、野崎と同様に実行委員会のメンバーだった。

カープは一九九一年以来、優勝がない。巨人戦の放映権料頼みの経営に追い詰められているところへ、降って湧いたような一リーグ制論議で、死ぬか生きるかの分かれ目だった。それまでセ・リーグ六チームで巨人戦の放映権料収入を分け合っていたのが、一リーグとなると十球団の分捕り合戦なのだ。カツカツ黒字の赤貧球団は万年赤字に転落し、「存在すること自体に無理」が出てくるだろう。

だから鈴木は一リーグだけでなく、近鉄とオリックスの合併自体も反対だと激しく論じた。彼は巨人とも友好的に付き合い、物静かな印象を与えていた。それが球団の真の危機に直面し、広島人の気性と抑えていた怒りを面《おもて》に現わすようになった。彼は、球団経営を放棄した近鉄球団や、合併先のオリックス球団に食ってかかったのだ。オリックス球団社長の小泉隆司が会議後にこう漏らしたことがある。

「僕はねえ、きょうはあんたが何を言い出すかと思って、ドキドキしてたんだよ」

鈴木はプロ野球選手会に対してもはっきり物を言った。他球団の代表たちが押し黙っている中で、選手会弁護士ともやり合っている。私が巨人球団代表に就いていた二〇〇七年のことだが、選手会と球団側との事務折衝が激しい論争の場になった。鈴木が選手会弁護士に対して言った。

「選手会の言う通りにしては、球団経営は成り立たんですよ」

すると、弁護士が「それなら球団を外資に売ればいいじゃないですか」と言い放った。鈴木の顔色が朱に染まって、低い声が響いた。

「カープが外資に渡ったら、広島のファンは何と言いますか！」

勝っても負けてもやっぱり野球はカープじゃけえ、というファンがいる。鈴木は彼らを背負っているのだな、とそばにいた私は思った。

ただ、一リーグ騒ぎのときには孤立を感じていたのだ。連戦の合間に広島から四時間をかけて新幹線で上京し、十二球団で唯一、合併そのものに反対論をぶち上げた。そして一人で帰りながらこう思っていた。

——一球団だけ浮いてしまっている。わあわあ言って帰って、また行って、しんどいのう。

彼は家族に仕事や野球のことは話さない。試合結果はわかっているし、球団や選手会とのやり取りはあまりに複雑だ。家で仕事の話を始めたら一日のすべてが野球で埋まる。だから、考えは内に籠り、沈潜していく。苦しくて仕方ない。

長男がそれを見ていて、漏らした。

「お父さんは何か考え事があるの？」

「怒っているんだね」

まだ五歳の子供に表情を読み取られて、鈴木の心がわずかに慰められた。


そんな広島へ野崎がタイガースの球団専務を連れてやって来た。巨人以外の五球団で一リーグに異論を唱えよう、というのだ。タイガース球団の役員会から三日後のことだった。

野崎は広島市民球場のオーナー室に通される。彼はカープオーナーの松田元と鈴木に向かって、「巨人に共存共栄の精神があればよいが、そうでない現状では五球団で声を上げていくしかありません」と語り、対決も辞さずという話をした。球界を支配してきた巨人への反逆である。

「巨人がセ・リーグから撤退するような事になったら、他の球団は損害賠償を請求することができるのではないでしょうか」

野崎は一年半前、カープの主砲であった金本知憲をFA補強で獲っていった張本人だが、いまはそれどころではない。元は「一リーグ制になれば十億円の収入減で、はっきり言って広島は十チームの一リーグ制ではやっていけない」と打ち明けた。そして続けた。

「広島も血を流す覚悟はあります。阪神から二リーグ存続の知恵が出ており、しかもオープンなところで議論するということなので、これに賛成しますよ。協力して知恵を出していきましょう」

野崎はこれから中日球団に行き、さらに一週間後にはヤクルト、横浜と会談すると言った。問題はそれからだ。最後に巨人の球団事務所に乗り込むのだ。

3

大曽根幸三はカメラメーカーからソニーに転職し、ウォークマンやポータブルCDプレーヤーのディスクマン、音楽ミニディスクなど、ヒット作を次々と開発した伝説的なエンジニアである。

ソニー創業者・井深大《まさる》の下で、代表取締役副社長兼CPO（最高商品企画責任者）、さらには「アイワ」の代表取締役会長に就いたが、それはユーモア溢れる言葉で部下たちを叱咤し続け、無理と思える製品の小型化と量産化を実現させたことによる。

部下たちが挫折しかけると、大曽根は「もうダメだと思うと、そこからダメになる」と励まし、「人の能力の差は根性の差だぞ」と尻を叩く。いよいよ開発が頓挫すると、「失敗は闇から闇へと葬れ」と言って次の製品開発へと向かわせた。

彼が社員たちに支持されたのは、意表を突く言葉で管理職にもその心得を説いたからである。

部下たちがまとめた四十八ページの『ある副社長の語録』には、こんな教訓の言葉が残されている。

「上がファジーだと下はビジーになる」

「部下は上司の言う通りに育たず、上司のやる通りに育つもの」

「出る杭を叩いて上司上を見る」

一方で彼は、競争社会の核心を知る経営者の一人でもあった。辛辣な大曽根語録がある。

「共存共栄は最後には、強存強栄にしかならない」

要するに、共存共栄など幻想だ、と言っているのである。「共存共栄」の虚構に安住するような組織は負けて、強者に依存するしかなくなる、ということだ。


一リーグ制騒ぎは、繰り返し語られてきた球界の「共存共栄」の意味を、経営者たちに厳しく問いかけるものになった。野崎は、セ・リーグ六球団の共存共栄とは結局、巨人を中心にした〝強存強栄〟ではなかったか、と思うようになっている。

——一リーグ制が実現すると、セ・リーグのなかで笑うのは巨人だけや。その巨人にくっついていれば、わがタイガースは何とかなるやろが、それでええんか。

だから、野崎はカープ球団に続いて、中日ドラゴンズ球団社長の西川順之助らと会って、「結束していこう」という西川の言葉を引き出した。

そのとき、野崎はこう言った。

「私の持論は一リーグ制反対です。七月十三日の当球団役員会で、本当に一リーグが好ましいか否かという議論を行ったところ、久万オーナーや他の役員から『やってみろ』と言ってもらいました」

マスコミ各紙は十三日のこの役員会を「阪神が一リーグ移行に反対する姿勢を固めた」と伝え、中でも日刊スポーツは、久万が次のように〈決意を語った〉と報じた。

〈わたし自身（1リーグ制に）流されかかっていましたが、星野SD（仙一シニア・ディレクター）が言うのは正論です。「1リーグになるのは早い」とね。野崎社長も人が変わったように元気に言うてました。そうするなら、そうなさい。応援します。わたし自身も無鉄砲なことをやる方ですからね〉

一方の渡邉は、〈セ・リーグ六球団は、巨人・阪神の友好関係を中心に鉄の団結を保ち、それに西武とダイエーが同調し、常に多数派が維持されていたから、オーナー会議ではあまりゴタゴタが起きなかった〉と、『わが人生記』（中公新書ラクレ）に書いている。その長年にわたる団結を、オーナーではない野崎が反巨人包囲網を作って崩そうとしている、と巨人側は受け取っていた。

しかし、野崎が驚いたのは、巨人の猛反発ではなかった。弾が後ろから、それも「応援しますわ」と言ったはずの久万から、飛んできたことである。

それはカープとドラゴンズ球団の協力を取り付けてから六日後、七月二十二日のことだった。午後二時三十七分から阪神電鉄本社九階で、一リーグ制移行を巡って、タイガース球団の役員会が再び開かれていた。

席上、久万は野崎に向かって不快感をあらわにした。

「この問題に関しては、七月十三日に野崎社長が提起したので、私は『もっと調べてみよ』と指示したはずである。君はセ・リーグの理事長であるから調べるのかと思っていたが、現在では調べるよりも、（記者たちに）言うほうが、またテレビに映る方が先になっている」

――また、言うことが変わったわ。久万さん、とぼけてるんか、本当に忘れたんか！

野崎は体を熱くして言い返した。

「当球団としては二リーグ制にこそメリットがあり、一リーグ制にはデメリットしかないことをご了承いただいたということで、私が動き出しています」

朝令暮改とはこのことだ、と野崎は思っている。都合が悪くなったりすると、久万はあっさりと梯子を外すのだ。「君、勝手にやれ」と急に言い出すことがよくあった。それが悪意なく見えるところが、久万の人徳ではある。

もともと久万は一リーグ論者である。「この日本でセ・パ合わせて十二球団は多すぎる。八球団ぐらいがいいのやないか」と野崎たちに漏らしていた。それが、前述の役員会で、「当球団が先頭に立ってチームをまとめることができれば、一リーグ構想に反論することが可能ではないか」と転じ、「少々無茶な（対抗）案でも出すように」と指示していた。役員会議事録にはその旨がはっきりと記録されている。

ところが、この日は前回の発言を忘れたかのように、怒り続けた。そのわけは久万の次の発言で明らかだった。

「君が喧嘩するのであれば勝手にやればいい。渡邉オーナーは怒っていた」

――巨人との全面衝突を恐れているんや。

野崎はそう思いながら、久万の発言を聞いていた。

「君が、セ・リーグ各球団の意見を揃えさせたのである。大したものだと思う。いいけども、最終的に、どのようにして事態を収めるつもりであるのか」

「二リーグ制の維持ということで収まります。そうでなければ……」

と野崎は主張し、二リーグ制維持のための七項目の私案を説明した。

この中には、①セ・パ両リーグの交流試合採用　②戦力均衡のためのドラフト制度改革（自由獲得枠の撤廃とウェーバー制度の導入）　③野球協約にある加盟料六十億円および参加料三十億円の撤廃――などが含まれていた（その多くは後に議論百出の末、実現した）。

役員会には、阪神電鉄会長でオーナー代行の手塚昌利や、第十八代社長となった西川恭爾《きょうじ》、専務の宮崎ら九人が出席していた。ちなみに第十六代の電鉄社長は久万である。久万は八十三歳を迎え、この年六月に阪神電鉄本社の会長から相談役に退いていたが、オーナーからは降りず、隠然たる力を保持していた。

そのためか、〝オーナー変節〟を咎めるような声は起きなかった。久万の叱責の声が役員会を覆っていく。

「喧嘩の結果、巨人が『別の球団と組む』と言い出せばどうするのか。決心ができているのか」「私は君に『球団を代表して動いていい』とは言っていない。『調べるように』と言っている」

そして、とうとう「当球団が先頭に立ったらいけない」と、野崎の姿勢を百八十度変えるように命じた。

野崎は「マスコミのインタビューに明快に答えたのが気に食わなかったのかもしれんなあ」と思った。久万の言葉は続く。

「渡邉オーナーにも理屈がある。彼も悪いが、君も同じように悪い。私は君が実行委員会において主張することが迷惑である」

さらに、「今ごろ、こういう意見を出すのは遅い。巨人からもらう金で温々《ぬくぬく》としていながら巨人と勝負するのか。他球団もついてくるのか。そうして走れば迷惑である」と言い放った。

それは、野崎が叫ぶ一リーグ制反対は、阪神が組織として決定したものではなく、あくまでも

「野崎の戦い」として扱うということを意味した。

野崎が持参している鞄の中には、タイガースに出向が決まってから用意した辞表が入っていたが、出せなかった。

――ここは大事なところや。譲ったらあかん。

理屈も大義も我にありや、と彼は思っていた。一リーグはパ・リーグ救済を名目に推し進められている。近鉄がオリックスに吸収合併されて、「パ・リーグが五球団になったら破滅する」という堤義明や渡邉の意見は一見もっともに映る。

しかし、「共存共栄」というのであれば、なぜ、独創的で真面目な経営を続けてきたカープのような球団が、久万の言う「潰れても仕方がない」という状態に追い込まれなければならないのか。

球界の共存共栄とは一体何なのだろう。それに野崎はいま、セ・リーグの各球団を回って、「一リーグ制反対」を説いている最中なのだ。

4

プロ野球選手会は、会長の古田敦也を中心に「一リーグ制反対」を訴えて、支持を集めていた。巨人選手会も同調しているうえに、巨人の渡邉が七月八日、酩酊したところを記者団に囲まれ、「たかが選手」と発言して批判を浴びていた。渡邉は、日刊スポーツの記者に「古田選手会長が、できればオーナー陣といずれ会いたいと（言っている）」と問われて、こう言った。

「無礼なことを言うな。分をわきまえないといかんよ。たかが選手が。たかが選手だって立派な選手もいるけどね。対等に話をする協約上の根拠は一つもない」

その失言で、世論は選手会に同情し、彼らの叫ぶ二リーグ制維持に傾きつつあった。

――世論もきっと自分たちを応援してくれる。久万さんにも、巨人にも負けへんわ。

「クビだ！」と言われたら、そのときはそのときだ。野崎は内心でこうつぶやいていた。

「世間にどっちが正しいか判断してもらおうやないか」

役員会は延々と続いていた。そのさなか、久万が「ところで」と言い出し、これから実施される秋の新人ドラフト会議の有力選手の話を持ち出した。

「当球団は、野間口、一場両投手を、なぜ巨人に取られたのか」

シダックス所属の野間口貴彦と、明治大学の一場靖弘は、二〇〇四年ドラフトでの注目選手で、それを巨人が自由獲得枠で獲得するのは確実と見られていた。

「カネです」

野崎の話を聞くと、久万は言った。

「こういう案件は本社ぐるみで考えないといけない。渡邉オーナーは金で動く選手を舐めてかかっている」

実に的を射た発言だった。渡邉は後に手痛いしっぺ返しを受ける。その余波をタイガースが受けるとも知らずに久万は続ける。

「二投手ともが巨人に取られたとなれば、巨人と喧嘩しないといけない。なぜそれを報告してこないのか。それに関して、読売新聞大阪本社の副社長に言ってやりたい」

「証拠はありません」

「巨人に対して腹が立つので、野崎社長の言うとおりにしようか。しかし、業界から見れば、君の主張は厳しすぎる。もっとパ・リーグのことを考えないといけない」

野崎が言えば、久万が論ずる。役員会は二時間四十分に及んだ。

午後五時近くになって、宮崎が口を開いた。

「マーケティングの観点から、パイを小さくすると再び広がりません。したがって、人件費を下げる、営業努力を行うなどにより、球団数を維持したいところです。球団を所有したい企業があるはずです」

すでにライブドア社長の堀江貴文が、近鉄買収の意思を明らかにしている。他にも新規参入企業はあるはず、という宮崎の意見は、二リーグ維持論の野崎に助け舟となった。久万はなおも「赤字では困るから小さくなるしかないんだ」と言ったが、宮崎の意見で座は何となく落ち着いた。

「『もっと、ファンのパイを広げましょう、そのために議論しましょう』ということです。そのように言えば、巨人が邪魔をしていることになるが、直接そう言わない方がいい」

結論のはっきりしない会議だったが、それも阪神らしい終わり方だった。ちなみに巨人であればこうはいかない。かなり後のことだが、料理屋で酔った渡邉があまりに理不尽に叱るものだから、巨人の球団代表に担ぎだされた私が「お言葉ですが」と口を出した。すると、渡邉が「なにぃ」とテーブルをドーンと叩いた。そのはずみに、テーブルの上のコップが三十センチも浮いたように見えた。そんな勢いだったから、議論などになるはずもなかった。

野崎の場合、その夜、帰宅して艶子に呟いた。

「また、久万さんにやられたわ」

「大変やねえ」

妻の反応はいつもの通りさっぱりして、しかめっ面を見せないので、まあしゃあない、と一日に終止符を打てるのだった。

野崎は、一リーグに反対していくという流れは一応、守ったが、「目立ちすぎや」と指摘されたことにはショックを受けていた。「テレビ局のインタビュー取材は断るしかないな」と自分に言い聞かせている。

翌日、ヤクルトと横浜球団の協力を取り付け、東京・神田にあった巨人軍事務所で社長や代表に会った。終わると、久万の携帯に連絡した。

「ジャイアンツさんとはうまくいきませんでした」

「君はジャイアンツを怒らせて、責任とれるんか!」

また取締役会の蒸し返しだ。野崎は思わず携帯を切ってしまった。後で久万には「携帯、どうも切れたみたいですなあ」ととぼけておいた。

ただ、野崎の抵抗は、タイガース球団や電鉄本社の実務者には支持されていた。野崎が出張していたある日、久万は電鉄本社相談室に中堅幹部を呼び、野崎社長は私の言うことを聞かない、と怒ってみせた。

「喧嘩をするのであれば、損か得かを考えなければならないし、負けてはならない。最後であっても、巨人を訪問したから良かったが、本来は最初に行くべきであって、そうしないから相手を怒らせている。一体、野崎社長はどのように考えているのか」

いつもなら、押し黙っているところだろうが、二人の中堅幹部ははっきりと言った。

「来年から一リーグ制を導入することがあまりにも拙速であるということは、役員会の確認事項です」

「それに、世論や他の球団が野崎社長の背中を押しています」

役員には直言できないことだった。

前掲の『ある副社長の語録』は、〈おわりに〉として、ソニーが大事にすべき人々のことを次のように書いている。

〈偏屈な人間を嫌ってはいけない。偏屈な人が、意外と大きな仕事をやりのけるのだ。偏屈な人ほど、しっかりした中心がある。その中心が一芸の芯となる。その芯を見いだしてあげ、見守るマネージメントができる人は、じつは全員の人間性も大事にできるマネージャーなのである〉

うちのオーナーにも聞かせたい、と思う球界サラリーマンは多かったであろう。

第十章 「コア」をつかめ

カープの球団本部長は思った。
――ありがたい！
これでスカウトは力を発揮できる。

トヨタ自動車とドイツのＢＭＷ社がスポーツカーの共同開発に乗り出したのは二〇一二年のことである。

スポーツカーはファンだけでなく、それを設計して作るエンジニアたちにとっても憧れの車なのだが、趣味性が強いからそれほど儲かるものではない。経費を抑えるため、エンジニアたちは直列六気筒エンジンを唯一製造していたＢＭＷ社に通い、エンジンやシャーシを共通にすることにした。直列六気筒エンジン搭載は、本格スポーツカーの不文律なのである。

両国のエンジニアが一体、どんな車を作りたいのか、スポーツカーの理想と互いの開発思想を論じて七年。試行錯誤の末に、トヨタは「スープラ」、ＢＭＷは「Ｚ４」の名で、二〇一九年から発売した。

両国で売り出された車は、基本部分は共通でもスタイルや性能は大きく異なるものになった。それらを兄弟車と見抜く人は、よほどのマニアか、一部の業界人以外にはあり得ない。素人の私の目には、スープラはまるで〝バットマンカー〟であり、Ｚ４は高質のオープンカー（プレミアムブランドと言うそうだ）に見える。

それは、両社ともに妥協をせず、彼ら自身の開発思想に基づいて別個に製造したためで、それぞれに高い評価とファンの支持を得た。

開発の正解は一つではないのだ。

そして、勝利に向かう道も一本ではない。

巨人は豊富な資金を背景に二〇〇四年当時、大型補強と自由獲得枠による有力新人のスカウトで優勝を目指し、中日ドラゴンズは、星野仙一が監督だった時代の〝遺産〟と、新監督・落合博満の独創的な指揮の下でペナントレースを勝ち抜いていた。

私は、後述する巨人の裏金事件の後で球団代表に担ぎ出されたが、監督となった原辰徳が落合の采配や言動を蛇蝎《だかつ》のように嫌うのを見ていた。試合前から、相手監督や選手をげんなりさせる「オレ流」は、なるほど優れた戦術なのだと感じ入った。

広島カープは、「練習ハ不可能ヲ可能ニス」を合言葉に、徹底した選手育成と、ドミニカ・カープアカデミーに活路を見いだそうとしていた。さらに、エリック・シュールストロムをはじめとする誠実な駐米スカウトを抱えて、巧みな外国人スカウトを続けている。

彼は比較的安い給料で働き、強打者のグレッグ・ラロッカや開幕投手に育ったコルビー・ルイス、クローザーのデニス・サファテらを次々に掘り出していった。彼の熱心なマイナー球場視察は米国の現場から日本にも届き、私は軽い羨望から、カープの鈴木に、「シュールストロム君を譲ってくれませんかね」と軽口をたたいた。

「だめですよ！」

いつも寡黙なのに、驚くほどはっきりした声だった。

そのカープが長く優勝から遠ざかっているのは、苦労して育て上げた強打者やエース、それに助っ人の外国人まで国内外の球団に獲られてしまうからである。正確には、ＦＡや契約切れの選手が去った、と書くべきだろうが、鈴木たちにはそう映るのだ。

そのうえ、選手獲得の入り口である新人ドラフトでは、自由枠を活用した巨人や西武ライオンズ、ダイエーホークスなどに、傑出したアマチュア選手をさらわれていた。

だから、彼はドラフト制度が変わるのをじっと待っていた。

自由枠は、アマチュア野球で実績を残した大学生や社会人について、一球団二人に限り球団選択の自由を認めたものだが、裏金とマネーゲームが横行し、カネの力が物を言う制度でもあった。巨人のドラフト戦略の柱でもあり、六年前に広島出身の二岡智宏を巨人がさらったように、カープは前評判の高い選手をあと一歩のところで逃していた。鈴木はこう思っていた。

――自由枠さえなくなれば、優勝のピースがきっとそろう。

その自由枠の撤廃を強く唱えたのが、タイガース社長の野崎である。

彼は二〇〇四年に球界が一リーグ制か、二リーグ制かで大騒ぎしているとき、「新人ドラフトをカネのかからない制度に変え、次に選手年俸を抑制することなどによって、二リーグ制は維持できる」という論理を展開した。このカネのかからない制度というのが、自由枠の撤廃と前年の下位球団から新人を選択できるウェーバー制度の導入である。

だが、そうした球界改革の理想を掲げて巨人と戦えば戦うほど、彼の手からこぼれ落ちるものがあった。それはタイガースを常勝球団に復活させるための試みであり、そのための時間である。野崎は二リーグ制の維持と球界全体の改革で忙殺されている。

何とかしなければ――。

鈴木と野崎、それぞれが焦燥に身もだえするなかで、八月十三日夕、その知らせは突然、やってきた。一リーグ制を牽引した巨人オーナーの渡邉恒雄が、約二百万円のスカウトの裏金事件で道義的責任を取り電撃辞任した、というのである。

その日のNHKニュースはこう伝えた。

〈巨人は今年のドラフト会議の自由獲得枠で獲得を目指していた明治大学の一場靖弘投手に対して球団幹部が現金を渡すなど、入団前にプロ野球の球団からの現金の授受を禁止した学生野球憲章に違反したスカウト活動を行っていたことが分かりました〉

――これで勝てるかもしれん。

ニュースを聞いた瞬間に、野崎はそう考えた。自分たちの球界改革はきっと実現に向かうだろう、と。一リーグ派の中心人物が表舞台から去ったからである。

だが、タイガースも無事には済まなかった。

実利を得たのはカープなどカネのない球団だった。渡邉は自由枠制度の導入に最も積極的だった人物である。その制度の下でささやかれた裏金の存在が発覚したことで、自由枠制度自体が「不正の温床」という烙印を押されてしまった。

翌年のドラフトから、二人まで認められていた入団枠は一人に減り、三年後には西武ライオンズの裏金問題が発覚して、とうとう自由枠制度は撤廃された。

――ありがたい！　これでうちのスカウトは力を発揮できる。

カープの鈴木はそう思っていた。

2

〈久万俊二郎殿　直披〉と記された封書は、タイガースオーナーである久万の私邸に届き、そこから球団にもたらされた。

裏書きも角のある手書きで、〈阪神を愛し、正義を尊ぶ田中、若島〉とある。中にはワープロ書きで二枚の告発文が入っていて、日付は二〇〇四年十月十二日となっていた。

当初、球団では封書を怪文書の類だと見ていたが、球界の事情に精通した者でなければ書けない内容でもあり、野崎は暗い気持ちになった。

それは、明治大学の一場のプロ入りに関し、巨人による不正な金銭授受を突き止めて、巨人に忠言したのは我々であると宣言していた。そして、巨人オーナーの渡邉や球団社長、球団代表らは、その非を認めて辞任せざるを得なかったのだと指摘し、驚くような記述を続けていた。

〈実は、8月の時点で、阪神球団と横浜球団も一場投手に多額の金銭を提供していたことを、我々は掌握しておりました。「栄養費」「タクシー代」などと称して、阪神球団のスカウトから、数回にわたり、巨人軍より多少は少ないとはいえ、学生にとっては極めて非常識な金額が一場投手に渡っております。(中略)我々はこれら外部に流出した一部資料のコピーや、一場投手が同僚との会話の中で、それらの事実を認めている録音テープも所持しております〉

——これは放置できない。

野崎はそう思って、調査を命じた。タイガースでスカウトを管轄した球団本部長は七月一日付の人事ですでに異動している。その球団本部長は野崎が進めるBOS改革に消極的で、情報を上げてこないのが悩みだったが、こんなことがあったのか、と彼は眉をひそめた。

渡邉が事実を認めて辞任したのは夏の盛りである。なぜ、二か月も過ぎた今になって——。その疑問に告発の封書はこう応えていた。

〈事後、横浜球団は我々の社会正義を追求する理念と行動の背景を十分に察知して一場獲得を断念したようですが、阪神球団が今秋のドラフトで一場投手を獲得することが確実という有力な情報に接しました。(中略)もし一場獲得に本当に向かわれるならば、我々は天誅を加える行動を起こさざるを得ません〉

その文面を読んで、彼らの動機に野崎は強い不審を感じた。

——事実関係がひっくり返ってるわ。本当に巨人を告発した連中が書いたのか?

この年のタイガースのスカウト戦略は迷走を続けた。

自由枠の有力候補だった一場をめぐって二転三転したからである。シニアディレクターに就いた星野が明治大出身だったこともあり、当初は巨人や横浜ベイスターズなどと競合して獲得を目指したのだ。だが、一場が巨人を選んだことを知り、六月にはあきらめてしまっている。七月二十二日の役員会で、オーナーの久万が野崎に向かって、「当球団は、野間口、一場両投手を、なぜ巨人に取られたのか」と厳しく問うたことは既に記した。「カネです」と野崎は答えたものだった。

ところが、八月十三日に巨人が一場への裏金提供を認め、一場はもう獲得しないと表明すると、阪神の編成部は、星野や球団副本部長を押し立てて明大野球部合宿所を訪れ、再度、獲得の意思を表明している。これも九月十日時点のことで、その後、一場が横浜への入団希望を明らかにしたため、阪神は結局、十月十日に獲得を断念していた。そのニュースはスポーツ紙にも掲載された。

だから野崎は、その告発を「何を今さら」と思った。

――うちには獲得できない選手や。しばらく様子を見よう。

ただ、長くは先送りにできない問題であった。球団の経理伝票とスカウトたちの話では、怪文書の一部、つまり、「阪神のスカウトから数回にわたり、非常識な金が一場投手に渡っていた」という指摘についてはその文書の通りであり、そうしてみると、横浜球団が現金を渡していることも事実のように思えた。巨人、横浜球団もたぶん承知のことなのだ。

一場を担当した阪神のスカウトは編成部課長で、前年の二〇〇三年十二月に車代として三万円を渡し、続いて翌年一月と三月に会って、毎回、食事代として十万円と車代一万円を供与していたのだった。総額は二十五万円に上る。食事代を渡した際には一場から領収書を取っていた。球団の精算を前提にした供与だったのである。


それがはっきりしたとき、野崎は辞めるしかないだろうと思い始めていた。責任の一端は彼にある。アマチュア選手の獲得にカネを使うことは彼も久万も望んでいなかったし、その支出も知らされていない。だが、「よそに負けんようなスカウト活動をやれ」とはっぱをかけたのは野崎だったからである。

長い間、スカウトたちはタイガースという看板を背負いながら、良い選手を取れずにいた。巨人に反立して創設された名門なのである。だが、その巨人のスカウトが出てくると競争に負け、「カネがないのだから仕方ない」と言い訳したり、「コーチが育てられないからだめなのや」と責任転嫁をしたりしていた。

スカウトが遅れを取る理由に気付いたのは、野崎がどん底で球団本部長に就いたときである。大学や社会人の関係者に内輪話を聞いた。

「おたくのスカウトたちは視察に来られましてもね、試合が終わるとすぐ帰られますわ。『ちよっと話しようか』と言うと、スーッとおらんようになる」

野崎は恥ずかしかった。それで、ちょっとした会食で相手の話を聞くのもスカウト活動の一つや、というような話を編成幹部にしたのだった。それがこんな形になって現れた。

いよいよ社長辞任の気持ちを固めたのは、告発文書の日付から三日後、十月十五日のことである。この日は午後二時から、監督の岡田が四位に終わったシーズンの終了報告をオーナーにすることになっていた。野崎は一リーグ問題をめぐって久万に盾を突いてから、腹を割った話ができなくなっている。

――さて、どう切り出そうか。

岡田に同行する野崎は、阪神電鉄本社に向かいながら、考えを巡らせていた。

彼は備忘録用の小さなノートをいつも背広の内ポケットに入れている。そこに、〈12日付けのレター　一場選手をはじめ、皆様に多大なご迷惑をおかけしました。本日、久万オーナーに辞任を申し出ました〉と走り書きをしていた。これは辞任して、新聞記者に囲まれたときに備えた口上である。

だが、思うようには運ばなかった。

岡田は三年契約である。まだ二年も監督契約が残っており、久万との会話ははずんで、約二時間に及んだ。報告が終わり岡田が応接室の席を立つと、野崎は久万に向かって、「私が責任を取り、社長を辞任いたします」と頭を下げた。久万は取り合わなかった。

翌日から、球界最大のイベントである日本シリーズが、中日ドラゴンズと西武ライオンズの間で幕を開く。久万は、その話はシリーズが終わってからにしよう、と告げた。

オーナー報告という恒例行事が済んで、虎番記者の前に現れた久万は饒舌だった。

「監督に来年は優勝しろ、男なら一度は優勝してみい、と言いました」「三年ある、四年あるって思ってたらあかん。あかんかったら辞めさせます」などと語り、球団内を揺るがす事態が起きていることを、まったく感じさせなかった。

3

それから一週間後の二十二日、辞任への波はいきなり襲ってきた。

日本シリーズは二勝二敗の互角のまま第五戦を迎えている。この日、朝日新聞朝刊は〈横浜も一場投手に現金〉と報じた。すると明大野球部の監督は記者会見を開き、「匿名の手紙が届き、そこに横浜、阪神のスカウトが一場に金銭を渡した、と記されていた」という趣旨の話をしたのだった。これを受けて、東京放送（ＴＢＳ）会長の砂原幸雄が横浜球団のオーナー職を引責辞任すると表明し、タイガースは正午と午後四時過ぎの二度、役員を集めて緊急の会議を開く事態になった。

二度目の会議でのことである。「私が辞表を提出します」。頭を低くして繰り返す野崎に向けて、久万が言った。

「オーナーは辞めるか、辞めないか、だな」

久万の真意はいつもつかみにくい。この日もそうだった。電鉄役員から声が上がった。

「今日になって当球団がこの問題に関して発表する理由は、横浜球団の事例が出たためであり、当球団が改めて調査したところ、二十五万円の支出が判明した。当球団の上層部としては寝耳に水である、ということを匂わせないといけない」

すると、久万が口を開いた。

「そんなもので罰を打たれたら、という気はある。今日はどうするのか」

久万は辞めたくないのだな、と野崎は思った。わしも辞めるんか、という声が聞こえたような気がしたが、それは久万の心の声だったかもしれない。

すると、オーナーまでお辞めにならなくても、とかばう声が上がった。

――べんちゃらやなあ。

と野崎は思った。確かに、浮かび上がった阪神の不正金額は巨人の八分の一で、久万はあずかり知らないことである。不本意なのだ。しかし、渡邉や横浜の砂原が辞め、マスコミが騒ぎ立てている以上、ファンの風向きをかぎ取る球団としては、久万にも一緒に退いてもらわなければならないのだ。

「私が辞表を提出します。球団による処分に関しては改めて、ということにしたいと思います」

「それでいい」という役員の声があって、オーナーが再び発言し、野崎との間で棘のあるやり取りが交わされた。

「他との均衡ではどうなのか。『巨人が何をしようと』というやり方もあるが……」

「どこの球団でも選手に金銭を渡しています、というわけにはいきません」

「本音のところ、君と僕とでは責任の重さが違う」

その後、記者発表の内容をどうするか、という議論になり、久万は「社長を続けるつもりであれば言い方を考えるように」と言い出した。野崎は首を振った。辞表提出はもう役員たちの了解済みなのだ。

謝罪の記者会見は午後六時五十五分から電鉄本社十階のホールで開かれた。オーナーは虎番の記者たちを前にすると、一転して独特の久万節を取り戻していた。辞任する腹を固めたようだった。

「辞めなければいけないと考えているが、社長も辞めると言っているので、二人で競争して辞めるわけにはいかない。後は社長から説明する」

野崎は書面を読み上げて辞意を表明した。その後、「オーナーも辞めるのか」という記者の質問に、「先ほど適当な時期に辞めると発言された」と答えた。これで二人の辞任が既成事実化したが、久万は「直ぐに二人が辞めることはない」と含みを残した。

「けじめが足りなかった。もともと、うちは貧乏でケチな会社であるのに……。他球団のオーナーが同じ責任を取っているが、二人が辞めたらいかんので、話し合いながら決める。こんなところに落とし穴があった」

二十年もタイガースオーナーとして君臨し、話題を提供し続けた「西のクマ」も退場する――それを惜しむ空気が虎番の記者たちにはあって、彼らは「こんなところに落とし穴が」という言葉を、最後の「久万語録」として刻んだ。

その夜、帰宅して艶子に辞職のことを告げたはずだが、記憶の中から夫婦の会話はすっぽりと抜け落ちている。辞めるぞ、辞める、といつも妻に漏らしていたから、やっぱりそのときが来たわ、というぐらいの受け止め方だったのだろう。


だが、辞任劇にはもう一幕があった。

それから三日後は月曜日である。午後二時からオーナーへの定例報告会があり、最後に野崎の辞表の扱いや関係者への処分を話し合った。すると、久万は「私は社長が辞める必要はないと考えている」と話を蒸し返し始めた。

「むしろ、前の記者発表が間違っていたように思う」と指摘したり、「オーナーのみ辞任であって、社長は他の処分をすべきであった。皆が黙っていたので私も逃げた」と言ったりして、そこまでやらなければならなかったのか、と繰り返し役員たちに問いかけた。

しかし、時計の針は戻らない。

さすがに阪神電鉄社長に就いて三か月の西川恭爾が、「本来、現場に近くよく知っていた者として、球団社長が辞めないと、形としておかしい」と反論した。彼は一九八六年に民営化で揺れる国鉄から移って来た技術者で、六十二歳の野崎よりも二つ年上だが同期扱いである。役員の一人が、「オーナーのお言葉は世間常識と言い難い。また、社長は記者会見で『辞表を提出した』と言いました」と追随する。久万が絶対的な権力を持っていたときにはあり得なかったことである。

それでも久万は社長辞任に異議を唱え続けた。彼の胸には、あの日、横浜球団のオーナー辞任に衝撃を受けて、慎重に論議すべきタイガースの人事が性急に流されてしまった、という怒りがあるようだった。その横浜はオーナーが辞任を表明したものの、球団社長の峰岸進は減俸処分で辞めていないのである。

これを受けたやり取りが役員たちの間で続いた。

「このままでは、うちは二十五万円で、お二人が辞めるようなことになります。もう一度考える必要はありませんか」

「そこまで戻ることができるのか」

西川はいつも遠慮した物言いをするのだが、この日は一貫して現実的だった。

「一度外に出してしまうと戻ることができない。戻すと袋叩きにあう」

野崎はそのやり取りを冷めた眼で見ている。

――いやはや、辞めると言っているのに……。

子会社の社長は、本社の意向に揺さぶられ、進退も意のままにはならないのか。

その野崎が「口出しして申し訳ないが」と断りながら、「スムーズなのは、手塚オーナー代行がオーナーを引き継がれることではないか。そういう例が多い」と言った。すると、オーナーが「賛成である」と断を下した。

議論の行方を見守っていた電鉄専務の宮崎が、「ここで野崎社長の身分に関して提案いたします」と持ち出した。

「来年一月一日以降も、残ってもらいたいと考えます。社長職としてではないが、肩書はともかく、実務上の問題に対応するためです」

異議は出なかった。それは野崎を球団社長からヒラの役員に降格処分としたうえで、山積する仕事をやらせようということなのである。

ここで辞められては球団が困るのだ。選手との契約更改もこれから始めなければならないし、十二球団の実行委員会やオーナー会議をどう乗り切るのか、という問題が残っている。二リーグ制を維持できたのは、野崎がプロ野球選手会と秘かに連絡を取りながら、巨人を除くセ・リーグの球団に働きかけたことが大きかった。史上初の選手会のストライキを九月に経験して、いま球界は五十年ぶりのプロ野球の新規参入球団を迎え入れようとしていた。

そして試練は続いた。

第十一章

サクラサク

元社長はこう思うことにした。
甲子園で固く閉じていたつぼみは、
北海道で大きく花開いた。

1

――辞表を出したその先に、こんなことがあるやなんて。

兵庫県芦屋市の自宅に戻ると、野崎はその日の会話を苦い思いで振り返った。大きなものを阪神タイガースは失うのである。

待ち合わせ場所は阪神芦屋駅前の老舗珈琲店だった。酒を飲まない彼のいきつけで、土日には二階の奥まった席で虎番記者のインタビューを受けることもあった。

野崎はタイガースの社長から連盟担当のヒラ取締役に降格されることになっている。その人事が球団から発表された直後の、二〇〇四年十一月中旬のことである。

「ちょっと話を聞いて欲しいんです」

と、タイガースの総務部次長で、芦屋に住む吉村浩から告げられた。彼は野崎のもとでBOS改革を進めている。この日は少し構えた雰囲気があった。

野崎は、スカウトが明治大学の一場靖弘に計二十五万円を渡した栄養費問題の責任を取ったのだが、阪神電鉄からは「引き続き、球界再編問題に取り組め」と求められている。野崎に代わる新球団社長には翌二〇〇五年一月一日付で、それまで専務だった温顔の牧田俊洋が就く。タイガースでは過去、社長が辞任すると、電鉄本社へ戻るか、六十歳以上なら停年引退しかなかったので、スポーツ紙は、この降格人事を「異例の〝野崎続投〟」と報じた。

阪神のシニアディレクターである星野仙一は、「あの天下の巨人の球団事務所に乗り込んで行ったり、新規参入とか球界再編への道を開いたのは野崎さんが声を挙げて行動したお陰。大功労者であって、これからの野球界の発展を考えても必要な人材なんだ」（日刊スポーツ）と言ったが、上司と部下の地位がひっくり返るのだ。年功序列社会のサラリーマンには辛いことである。

やってきた吉村は席を温める間もなく、その話から切り出した。

「社長が一場問題で社長を引かれると聞きました。私は社長からいろいろとかばっていただき、誠に心苦しいのですが、実は日本ハムファイターズの方からお誘いを受けています」

野崎は「えっ」と息をのんだ。思いもよらないことだった。

タイガースは二〇〇三年にリーグ優勝を十八年ぶりに飾ったが、常勝球団の道を歩み出したとは言えなかった。翌年、四位に甘んじた新監督の岡田が、「（星野が指揮した）昨年はうまく行き過ぎた」というくらいだ。社長から降格する野崎がいま頼りにできるのは、吉村のような改革の実務者だった。

「どうして……」

「大社啓二《おおこそひろじ》会長から直にお声がけいただいています。ファイターズはGM制度を採っていて、来年が大切なのだそうです。そのGM補佐として来てほしいと言われています」

いつも寡黙な吉村は言葉を尽くして説明を加えようとしている。ファイターズは東京ドームを本拠地にして長年低迷した末に北海道に移転し、この年の十月、GMに元監督の高田繁を迎えたと発表していた。その高田の下に吉村は付き、翌年にオーナーとなる大社を支えるのが仕事だという。会長公認で仕事ができるのだ。

「ヒルマン監督も球団主導のチーム作りや、選手育成、スカウティングに理解があるそうです」

そういえば、大社は芦屋に住んでいたな、と野崎は思い当たった。

――芦屋に吉村君を住まわせたのが間違いやったかな。

野崎は彼の処遇には気を使い、芦屋のマンションを薦めてその家賃も特別に補助していた。たぶん、同じ地に住むうちに、大社と縁ができ、ヘッドハンティングされたのだろう。

「うちに残る可能性はない、ということやろか」

「タイガースの処遇に不満があるわけやないんです。だからかえって申し訳ないです」

もう一歩のところまで来ていたのに……。野崎はほぞを噛んだ。大型補強策で時間稼ぎをしつつ、吉村とともにBOS改革を守旧派の喉元に突き付けていたのだった。彼は吉村が教えてくれたマイケル・ルイスのベストセラー『マネー・ボール』を思い出した。

それは、『シド・スリフト理論』に続いて吉村が紹介してくれた本で、米国で出版された二〇〇三年に、野崎はその主要部分を吉村の翻訳で読み、眼力頼みの従来型スカウト活動から脱しようという自分の試みが間違いではないことを確信していた。

『マネー・ボール』は、アスレチックスGMのビリー・ビーンが、BOSやセイバーメトリクス（野球統計学）によって、貧乏球団を常勝球団に変えていく実話だ。彼は四球を安打と同様に重視する。打者はアウトにならないのが重要だと考えているのである。そして、打率や打点の代わりに、出塁率やＲＣ（Runs Created ＝個人の得点能力）など、それまで評価されていなかったデータに注目し、その統計値をパソコンに入力させた。

やがて、その実話はブラッド・ピットの主演で映画化されたが、阪神ＢＯＳは映画で描かれた通りの経緯をたどってしまった。

映画では「発想を変える必要がある」と、ビーンが古手のスカウトに指摘して言い返されるシーンが出てくる。

「ビリー、あんたのやり方にみんな不安を抱いている。野球の長い伝統をばかにしているんだ」

阪神でもそれは同じだった。パソコンを使ったＢＯＳ改革が斬新すぎて――というよりは面倒すぎて、古参のスカウトや彼らを束ねる編成部長に受け入れられなかったのだ。野崎のところには、吉村たちから悲鳴のような訴えが次々に上がっていた。

「せっかく構築したシステムが依然としてスカウトや編成の会議にも使われていません」

「選手出身の編成部長がまた実権を握り、素人の球団本部長が操られているように見えます。かつてのタイガースに戻ったようです」

「球団本部長自身もシステム音痴、メカ音痴で、データを活用して良い情報を集める意欲がありません」

その対立と混乱は、吉村をアメリカ帰りの中途入社社員に喩えると、理解しやすい。敏腕の吉村が雇われて工場にやってくる。迎える現業の人々は生え抜きだが頭が固い。その彼らに、吉村がオンラインシステムを教えようとする。

「米国ではこんな合理的な経営をやっています。ぜひ、取り入れましょう」。ところが、職人気質の工員たちはそう簡単にやり方を変えられない。たたき上げたプライドもあるのだ。


こうした対立は、かつてのトヨタ自動車でもあった。

「カンバン方式」とも呼ばれるシステムを導入するときのことである。「ジャストインタイム」とも呼ばれるこの方式は、部品などの在庫をゼロにして、極限まで合理化を追求する生産方式で、工場長だった大野耐一《たいいち》はそれを「工場に必要なものを、必要なときに、必要なだけ作って運ぶ」と表現した。これがその後のトヨタの飛躍を支えたのだが、忠実なトヨタの養成工たちでさえ、「その意味がよくわからなかった」と語る。

車の足回り部分を生産する第三機械課の工員たちが試行を担当したが、それまでの生産ラインはベルトコンベア式ではなく、滑り台式と呼ばれるものだったから、彼らは首を傾げ、小さな抵抗をした。これまでは部品ができると滑り台に乗せて、どんどん次の工程に送っていった。仕事ができるベテランはいい。一方、部品ができないところも出るので、ベテランはそれができるまではたっぷり休んでいられた。

ところが、大野は部品の作り過ぎが無駄なのだ、と怒った。滞留した部品を置くスペースも必要になるからだが、工員たちは従来の方式が体になじんでいるし、余分に部品を作っておかないと心配なので、多目に作って隠していた。

チャップリンのような口ひげをはやした大野は、それをことごとく見つけると、ひげを震わせ、青筋を立てて、「これはなんだあ」と床に放り投げた。養成工の一人はこう証言する。

「あるとき、怒った大野さんが工場の床にチョークで大きな○を書き、『その中に立って考えろ』と立たされたことがある」

大野は後に副社長に昇進するが、カンバン方式は 大野の合理性や洞察力に加え、その怒鳴り声が伴って初めて実現したシステムだった。

その怒鳴り声を発する者が、タイガースにはいなかった。ビーンのような粘り腰のGMもいなかった。トヨタの工場長に当たるタイガースの球団本部長はスカウト側に理解を示して、吉村と対立してしまっている。その吉村は、タイガースが延々と負け続けている原因は、彼らが安住する球団本部制が形骸化しブラックボックスとなっているためだと指摘し、さらに激しく対立していた。

野崎は二〇〇四年七月に球団本部長を入れ替えた。BOS改革を徹底させるにはそれだけではなく、もっと強引に球団本部長やスカウトたちを従わせる必要があったのだが、セ・リーグ理事長として球界改革に飛び回る野崎にはそれ以上のことができなかった。

二リーグ制を維持した後、日本野球機構は、加盟申請したライブドアを退けて楽天を選び、二〇〇五年シーズンから「東北楽天ゴールデンイーグルス」が参入することになっている。そして、野崎は選手会との間で設置された「プロ野球構造改革協議会」の実務を担う小委員会委員として、ドラフト改革や選手年俸高騰問題を話し合わなければならなかった。

二〇〇五年は「球界改革元年」と期待を込めて呼ばれていたのだった。

「大社さんから直々にお誘いを受けとるんですか。そんなら、うちよりもそっちのほうがいいですね」

野崎は失望と後悔を隠して答えた。

改革の尖兵だった吉村に何がしてやれたのか、という負い目も野崎にはあった。吉村を球団次長職にしか引き上げられなかったのだ。部長にも取締役にも昇進させられなかった。電鉄本社の幹部に、いつか吉村を役員にと推薦したのだが、外から採った人間を優遇できないと凄まじい反対にあった。巨人もそれに近かったが、「企業秘密があるからな」といって電鉄幹部は外部登用を嫌い、出向者を送り込むのである。

――正式に僕が社長を辞めたら、吉村君は阪神内部で非常に立場が難しなるな。彼の足を引っ張る子分たちもたくさんおる。

野崎は言葉を絞り出した。

「うちではもう君のやりたいことはでけへんかもしれんね。残念やけど、認めるしかありませんわ」

吉村が直接、大社会長から招聘されたのなら、退職を容認するしかないのだ。それは同時に、BOS改革の実務者を失うということを意味した。

――彼抜きでできるだろうか。残った者で分けて負っていけるのか。

野崎にはもう球団本部を差配する権限はないのだ。

2

吉村は結局、野崎の降格人事と同じころにファイターズに移籍していった。セ・パ交流戦などで甲子園球場を訪れるたびに顔を出し、「監督や社長の理解があって助かります」という趣旨の話をした。阪神を出てよかった、といった後ろ向きの話題でないために、吉村の言葉は心地よく野崎の胸に落ちた。

だが、阪神のBOS改革は少しずつ忘れ去られ、進化すべきスカウティング・オンラインシステムは埃をかぶっていった。元球団幹部の一人は、「あることは知ってましたよ。あれがあったらもっと強くなっていたかもしれませんね」と言いながら、こう続ける。

「でもあれは本当に完成していたと言えるんやろか。球団全部で使おうという具合にならなかったから、幻のシステムだったですね」

それは牧田俊洋以降の社長や球団本部を統括する者たちの責任だったが、職人気質の監督・岡田にも受け入れられなかった、と野崎は言う。このシステムはスカウトだけでなく、監督の理解と二軍コーチやトレーニングコーチの協力が不可欠なのだ。

ＧＭ兼任監督に近い存在だった星野は野崎の理解者でもあり、監督の間も「どうぞ」とシステム導入を受け入れたが、後任の岡田は典型的なフィールドマネージャーで、頑固なほど自身の勝負勘や育成手法に自信を持っていた。岡田が監督として指揮を執り始めたころ、球団は「岡田監督像について」と題するレポートを作成したが、そこにはこんな趣旨のことが記されていた。

〈選手の素質や技量を見極めることに優れているが、短気で、何事にも自信がある裏付けとして、自分の反対意見に対しては相手の言葉をはねのける言動も時として見られる。一軍監督として年齢的に若く経験が少ないために、相手の立場になってその人を生かす、動かす組織運営をまだ得意としていない〉

そして、岡田は〈'87オフ就任の村山実監督以降の監督で、優勝を狙える戦力を有して一軍監督に就任した唯一の存在〉であった。

二〇〇五年は、元監督・野村克也や星野の〝遺産〟である赤星憲広、金本知憲、下柳剛たちに、広島の強打者だったアンディ・シーツを加えて五月に首位に立つと、前年優勝の中日ドラゴンズに十ゲーム差をつけて二年ぶりの優勝を飾った。ファンは狂喜し、タイガースの観客は三年間、三百万人を超えた。それから数年は優勝争いにも加わった。

野崎が蒔いた種がようやく実り始めたように見えたが、刈り取るだけではいずれ畑は荒れる。それが新オーナーとなった手塚昌利たちには理解されなかった。少しずつ優勝から遠ざかり、以前のように長い不振のトンネルに入る。球団の要職にいた人物が言う。

「本社も二回優勝して満足してしまったな。野崎さんはドラスティックに球団を変えましたよ。だが、彼の球団本部改革やスカウト改革を、私たちがもっと推し進めることができなかったという自省があります。ぶっちゃけて話すと、編成部長やその下のスカウト、現場の抵抗が強かったですね。吉村君のような考えはもっと大事にしたらよかった」


広島にも秋爽の気が漂い始めているというのに、鈴木清明の気は晴れなかった。苦しい時期が続いている。阪神が最後の輝きを放っているころ、カープの二〇〇五年シーズンは勝率四割の最下位である。「ミスター赤ヘル」と呼ばれた山本浩二が、第二期の監督を務めて五年目のときだった。

その山本に鈴木は声をかけた。

「浩二さん、ちょっともうしんどいかも分かりませんね。浩二さんの名前が傷つくようになるから、身を引かれた方がいいかもしれません」

「そうかぁ。誰にするんや」

「いないんですよ。決まってませんね」

と言って、鈴木は、

「外国人のほうがいいかもわかりませんね」

と続けた。オーナーの松田元から、新監督には、かつてカープでプレーしたマーティ・ブラウンはどうじゃろ、という話を聞いていた。すると、山本は、

「そうやのう」

と頷いた。阪神と違って、それでほぼ決まりだった。

鈴木はこの年の三月に常務取締役に昇格し、企画本部長兼球団副本部長という立場から、球団本部長兼企画部長に変わり、チーム付きが仕事の柱になっていた。連盟担当は変わらず、カープが生きるか死ぬかの球界再編をしのいだ後も、球界の構造改革を巡って東京のNPB事務局と広島を往復している。彼は二十年近く野球に携わっていたから、野球協約やドラフトルール、育成手法について見識を持つ一人になっていて、私を含めた他球団の代表クラスから相談を受ける立場にあった。

チームが低迷しているのに、球界改革に取り組むのは疲弊を深めることである。「こんなときにうちの代表は何をしてるんだ」。私もよく上司や部下に言われたものだ。うまくいかないときに、鈴木は「あるいは、別の人生があったかもしれないなあ」とぼんやり思ったりもする。だが、マツダに残った同僚たちも、車がさっぱり売れなかったり、一時フ

ォードの傘下に入ったりして、いばらの道を歩いていたのだ。

彼は忙しくてゴルフもスキーもやめてしまった。いまはカープで磨きをかけた包丁の腕を、家族に見せるのが唯一の趣味だ。休日に家族でスーパーに出かけて魚を買ってくる。台所でそれをさばき、肉を焼く。そのかすかな喜びを糧にようやく息を継ぎ、また切羽詰まった新しい一週間が始まる。


社長を辞した野崎はそれまでと全く変わることなく、少し背を丸めて実行委員会や小委員会にやってきた。そして、自由獲得枠の撤廃や完全ウェーバー制導入、戦力均衡策など持論をゆっくりした調子でぶった。教授のような風貌とは対照的に肝の太い男だ、と私は思った。ヒラ取締役に降格されても卑屈なところをまるで見せない。

私は前述した構造改革協議会の小委員会委員も兼務しており、ある日、野崎に声を掛けられた。

「大変でっしゃろ。うちはずーっとそうでしたわ」

微笑が浮かんでいた。

「優勝できんと見るや、スポーツ記者たちは監督のクビをすげ替えにかかるんですわ。うちはそれがずーっと恒例行事でしたわ」

巨人は阪神とは逆に二〇〇三年から〇六年がどん底で、特に〇五年シーズンは開幕から四連敗、鈴木のいるカープと最下位争いを演じた。

しまいには監督だった堀内恒夫の去就も定まっていないのに、スポーツ紙には新監督として星野や原辰徳らの名前が挙がった。巨人の球団代表に就いていた私は血圧が急上昇して、鈴木に続いて降圧剤を常時服用し始めていた。

野崎の「大変でっしゃろ」には面食らった。最初は少しむっとしたが、二度、三度と会うたびに同じような言葉を、それも「ずーっと」というところに力を込めて言うので、サラリーマンとして本気で同情しているのだとわかった。今に見ていろ、という言葉を私は飲み込んだ。

彼の展開する改革策には、「ビッグクラブ」の一つであるタイガースには不利な案もあり、ときどき彼の顔をじっとながめることがあった。

当時の私は選手育成術を熟知している鈴木に相談して、育成選手制度の創設を目指していた。ところが、意外なことに野崎は反対論を吐いた。

育成選手制度は七十人の支配下登録選手（年俸の下限が四百四十万円）とは別枠で、一軍戦には出場できない育成選手（同二百四十万円）を育成ドラフトで獲得する、という仕組みだった。選手年俸を抑えながら球界の裾野を広げ、従来の新人ドラフトからこぼれた異能の選手を拾い集めようという狙いだったが、野崎の反対論は、「資金力が豊富な球団の方が有利になり、戦力均衡を実現するという理念から外れる」というものだった。

それは、球団の利益よりも球界改革の考えを優先する、彼なりに一貫した論理で、流されない彼の姿勢に、私はびっくりしたのだった。

私や福岡ソフトバンクホークス取締役だった小林至《いたる》に言わせれば、育成選手制度は間違いなく、ビッグクラブのチーム強化につながる策だった。二〇〇七年以降、巨人の優勝を支えていた一角に、新人王を二年連続で獲った山口鉄也や松本哲也ら育成選手の存在があったことを思い出していただきたい。そして、近年のホークス黄金時代は、この育成選手制度抜きには語ることができない。エースに成長した千賀滉大や、「甲斐キャノン」で球界を代表する捕手となった甲斐拓也ら育成育ちの厚い選手層が、ホークスにはある。

だが、「改革元年」には、野崎のように球団の利益を棚上げできる反骨者が求められていたことも事実だった。

3

その翌年の二〇〇六年四月、北海道新聞夕刊に、ファイターズが独自に開発した「スカウトシステム」の記事が掲載された。阪神から転じた吉村の提案で約四千万円をかけてパソコンやソフトなどを整備したという。

それだけではなく、「監督・コーチ編」「スカウト担当編」など、担当ごとにまとめたマニュアルが監督からコーチ、スコアラー、スカウトに配られている、とも新聞には記されていた。

ファイターズの最初のBOSは、二〇〇五年九月五日、ITコンサルタント会社に依頼して作られていた。「監督・コーチ編」は三十四ページもある。

これは第七章で紹介した「シド・スリフト理論」を進化させたもので、スカウトたちが視察した選手の個々の能力を一つずつ、最低点の二〇点から最高点の八〇点まで五点刻みで評価したうえで、総合評価を下すやり方を取っている。五十点が一軍クラスである。

わかりやすいように、プロの野手を例に取って、ファイターズ方式を説明しよう。

評価対象は、打撃技術、選球技術、本塁打や長打を打つパワー、地肩の強さ、スローイング技術、守備のフットワーク、グラブ捌き、守備のセンス、走力、体力――これを五点刻みでコーチやプロスカウト（アマチュアならばアマスカウト）に評価させる。

打撃技術でいえば、
▽打率三割五分以上が最高の八十点（選手例イチロー）▽三割二分以上が七十五点から七十点（松井秀喜、松中信彦）▽二割九分以上が六十五点から六十点（谷佳知、福浦和也）▽二割七分以上が五十五点から五十点▽二割四分以上が四十五点から四十点▽二割一分以上が三十五点から三十点▽以下は二軍レベル――と実に細かい。
このように、前掲の項目ごとに、コーチやスカウトが視察のたびに採点して、球場やホテル、自宅からパソコン入力し、その情報が札幌の球団事務所にデータベースとして蓄積されていく。

それを見聞きした他球団の関係者はこう噂していた。

「ファイターズのスカウトは視察してからがひと仕事らしい。二軍コーチたちだって、教える前後にパソコンの前でパチパチやっている。ご苦労なことだよ」

少し技術的な記述になってしまったが、このシステムの要点は、ファイターズマニュアルの次の一文がよく物語っている。

〈このシステムは、各球団選手の選手評価を効率良く、球団へ報告するためのツールです。球団では、管理者が全国より集められたレポートを分析・印刷することができます〉

つまり、これは球団のスカウトやコーチらに情報を報告させるための、管理者のためのシステムなのである。しかもそれは記録としていつまでも残る。だから、いい加減な報告はできなくなり、視察そのものが適度な緊張と正確さを伴うものとなる。球場視察や仕事を終えると、駅前の居酒屋で仲間と一杯やって野球談議に花を咲かせる——そんな不埒なスカウトは生き残れなくなってしまうのだ。

——吉村君は転職して、すぐに念願のBOSを作り始めたんやな。

野崎はその執念に驚くとともに、「日ハムのオーナーは偉いわ」と思った。人材を自らスカウトして任せている。

子会社をうまく運営するには、海外に工場を作るときのように、適任者を選んでその人物に大きく権限と責任を持たせることだ。そうした「現地化」の発想がタイガースにはまったくなかった。子会社の経営に本社のトップが細かく口出しして、うまくいったためしはないのだ。

ファイターズがその二〇〇六年シーズンにパ・リーグを制し、さらに日本シリーズで中日ドラゴンズを倒して四十四年ぶり二度目の日本一に輝くと、「勝利を支えたＢＯＳ」という記事がスポーツ紙などで一斉に取り上げられるようになった。

もちろん、監督のヒルマンやエースのダルビッシュ有、三番の強打者でパ・リーグＭＶＰの小笠原道大《みちひろ》、元阪神の新庄剛志、ヤクルトから移籍の稲葉篤紀《あつのり》らを散々取り上げた後のことだが、オーナーや社長までが繰り返し、「優勝の陰に吉村ＧＭ補佐あり」と称えた。

大社は日刊スポーツのインタビューにこう答えている。

「吉村さんが加わって、スカウティングの仕組みやベースボール・オペレーション・システム（通称ＢＯＳ＝ボス）という定量的なデータで選手をきちっと評価する仕組みを築いていきました。例えば、ボールが速いというのは、どれくらい速いのか。全部を数値化した上に個々の選手を見抜く力、いわゆるスカウト力を乗せて、若い選手をきっちり鍛えて1軍で勝つ。これが経済的にバランスが取れると考えています。いつも選手のパフォーマンスがコストの中で吸収できます」（二〇一九年一月十七日付）

そうした賛辞は、タイガースのオーナーこそが掛けるべきものであった。無念な思いは残ったが、野崎は自分の見る目は間違っていなかった、と思うことにした。甲子園で固く閉じていたつぼみは、北海道で大きく花開いたのだから、と。

いつか妻の艶子に聞かれたら、胸を張ってそう言ってやろう。

第十二章 ボロボロになる前に

黒田博樹に声をかけた。
「お前がバリバリでは、
広島に帰ってこさせることができない。
でもボロボロでは帰ってくるなよ」

1

通りがかりに入った店でラーメンを注文したとたんに、鈴木清明の携帯電話が鳴りだした。

電話は、カープの中心選手である緒方孝市からだった。

そばにいた鈴木の子供たちが、何かに打たれたように会話をやめた。鈴木が一人の父親から球団本部長の顔に戻った瞬間を、そこに見たのだろう。

緒方はチームを離脱していた。右ひじ軟骨が変形していて、それを取り除くため、七月中旬に内視鏡手術を受けて回復訓練のさなかだった。携帯の声に、鈴木は不穏なものを感じた。

記録的な猛暑もようやく盛りを過ぎている。カープの優勝は二〇〇七年も、はかない夢に終わりそうだ。またもや五月まで期待を持たせながら、けが人が相次いで八月には最下位を動かなかった。二〇〇〇年に球団部長、つまりチーム付きを兼務し始めて以来、鈴木は五里霧中を迷い尽くしている。

だが彼は、休日だけは家族と遊ぶ、と決めていた。若いころはスキーの指導員を目指して検定二級を取得したり、釣り好きが高じて小型船舶操縦士一級の資格を取ったり、あちこちのゴルフ場に通ったりしたのだが、チーム付きになってからは、すべての趣味を手放している。というよりも、時間を失ってしまったのだが、彼は自分のなかで決めごとをした。球団にいる限り、休みはめったにめぐってこない。そうならば自分の趣味のために中途半端に時間を費やすのをやめ、その日は家族一緒に過ごそう——。

電話があったこの日は、車を広島県北部の公園に向けて走らせ、遅い昼食を取ろうとしていたところだった。鈴木は家族を店に残して、外へ出、濃い光のなかで携帯を握りしめた。

「お休みのところを申し訳ありません」

緒方の声は沈んでいた。三年連続の盗塁王に輝いた外野手も、入団から二十一年目、三十八歳である。佐賀県立鳥栖高校から八六年にドラフト三位でカープの一員となり、三年目には米国バージニア州の独立リーグチームに野球留学をしている。そのときに通訳兼調理人兼運転手として引率したのが鈴木だった。

「どうした。何かあった?」

しばらく間があって、緒方は、

「今年でやめます」

と低い声で言った。溜めたものを吐き出すような調子だった。

鈴木は緒方の突然の言葉に、胸を貫かれて立ち尽くした。

——引退なんか、だめだ、待ってくれ!

とっさに一九九九年のFA交渉のことを持ち出した。

「FAのときも、俺には決める前に言ってくれと頼んだじゃないか」

自分で勝手に引退を決めて、いきなり言い出すなんてひどいぞ、どうして俺に相談してくれないんだ、というのである。そして、言葉を継いだ。

「もう少し頑張って……。選手としてやってくれんのか」

あれは九九年秋のことだ。ＦＡ権を獲得した緒方は、巨人監督の長嶋茂雄から強い誘いを受け、広島から流出する寸前だった。そのとき、何とかカープに残ってくれ、と交渉を始めた鈴木は、緒方にこんな約束をさせている。

「決めるのはいいけど、決めた、と電話してくれるなよ。決めようという段階で言ってくれ」

と。

そうやって押し返し、最後に緒方が、私はもう決めようと思います、と言い出すと、鈴木は自宅に招いて、妻が作った焼肉丼を緒方と二人で食べたのだった。

それから八年が過ぎている。

緒方はけがの多い選手だった。死球を受けて負傷するのはしょっちゅうで、飛球を追って柵によじ登って足首を捻挫したり、大飛球に飛びついて肩を打撲したりした。要するに手を抜けない質なのである。椎間板ヘルニア手術をしたこともあったが、今年は監督のマーティ・ブラウンから開幕戦で六番レフトを任され、全試合出場を期していた。

カープは、かつての阪神タイガースのように、下位に低迷し続けている。二〇〇二年以来、公式戦は負け越しが続き、五位か最下位の六位が指定席だ。「負け癖がついている」とファンになじられていた。そうしたチームを改革し、閉塞感を打破するために、オーナー兼社長の松田元や鈴木が、外国人監督を選んで二年目になる。追い詰められていることを知りながら、緒方は開幕からわずか三か月後に離脱した。一軍選手としての不甲斐なさと限界を感じているのである。

だが、鈴木は緒方の復活を信じたい、と思っていた。前年の二〇〇六年オフには、エースの黒田博樹に、ＦＡ移籍を思いとどまってもらったばかりだ。黒田とは「広島を出る出ないにかかわらず、お互いに相談しようや。駆け引きはせずにいような」と約束し、九回も話し合った。

――あれは単に一人の選手がＦＡ宣言をしなかった、というものではない。

と鈴木は思っていた。ファンは黒田のカープ残留嘆願書を集め、残留の願いを込めた旗を掲げた。最終戦ではスタンドをファンが真っ赤に染めて、「行かないでくれ」と訴えた。

それは、ファンと球団、選手が、広島の地で一体となって進んでいくことを確認した大きな出発点だった。本物の地域密着球団として刻んだ歴史の一歩でもある。選手の出たいという気持ちを変えられなくても、ここに居たいという気持ちは強くできる、と鈴木は確信した。だからこそ、今ここで、もう一人のカープの顔である緒方を失うわけにはいかないのだ。

鈴木の声は少しずつ大きくなった。

「いや、絶対にやめてはだめだ」とも言った。

「新球場もできるんじゃや。そこでプレーするのを楽しみにしていたじゃないか。それまで頑張ってくれ」

新球場とは、カープの本拠地である広島市民球場に代わるスタジアムのことだ。二転三転した末に、市民の「たる募金」などの支援を受けて、年内に旧東広島貨物駅のヤード跡地に建設が始まろうとしている。

新球場は二〇〇九年シーズンに開場することになっていたから、「それまで頑張ってくれ」ということは、それをモチベーションにして、あと二年は現役でプレーしてくれ、ということである。

新球場を作り戦うことは、カープ選手の夢であり、先代のオーナー・松田耕平以来の松田家の悲願であった。カープのオーナー室は、広島市民球場の正面階段を上がったところにあった。その窓際には、大リーグ球団の球場のミニチュアが十数個も飾られている。

耕平は鈴木たちにたびたびメジャーの球場を見に行かせ、「美しくて、お客さんが心から感動できるボールパークが必要なんじゃ」と言っていた。そして、二〇〇一年にピッツバーグ・パイレーツの新球場「ＰＮＣパーク」を視察させた翌年に亡くなっている。

鈴木はメジャー球場のような光あふれる舞台に、緒方を立たせたかった。ボールパークの真ん中で、一流のプライドを取り戻して欲しかったのだ。

だが、電話口の緒方はなかなか言葉を翻そうとはしなかった。

――よほど、ひじのけががこたえているんだな。リハビリもつらいのだろう。

鈴木はもう緒方に掛ける言葉がなくなって、

「いまトレーナーと一緒にリハビリに取り組んでいるんだろ。引退のことを話したか？」

と尋ねた。すると、緒方が言った。

「彼は涙を流していました」

「そうだろう。トレーナーはどれほどお前の復帰を夢みてるか、なぜ懸命にリハビリに付き合っているのか、その気持ちも考えてみろよ」

——俺は緒方の復帰を強く願うファンの一人なんだな。

鈴木はそう感じていた。たぶん今の自分は球団本部長という立場を踏み越えている。だが、トレーナーの気持ちに言及してから、緒方の声の調子が少し変わってきた。

そして、「もう一度考えてみます」という言葉で、電話は切れた。

三十分ほどは話し込んだだろうか。途中で、鈴木の子供たちが代わる代わる店から出てきて、ラーメンが伸びるしぐさをしていた。電話が終わって店に戻ると、ラーメンの麺が汁を吸って、うどん玉のようになっていた。

それから緒方はトレーナーと再度話し合い、再びリハビリに取り組んで復帰を目指した。

2

復帰への苦しみは、他人にはうかがい知れないものがある。我慢強い選手ほど不安や愚痴を口にしないものだ。

巨人の看板打者だった高橋由伸がヘルニアに苦しんでいる姿を、私は何年も見た。晩年に差し掛かっていたが、原因が分かった後も初めは手術が難しいといわれ、成績は当然ながら振るわず、表情はいつも暗かった。

阪神戦の途中で彼が退き、甲子園球場のベンチ裏の小部屋にこもっていたこともある。気力を激痛が上回って、プレーを続けられなかったのだ。トレーナーにでも診てもらった後だったのかもしれない。私は偶然、彼が一人でいたその部屋の扉を開けてしまい、高橋の目が涙で光っているのを目撃してしまった。胸が締め付けられた。だが、彼は四国まで病院を訪ね歩き、とうとう名医に巡り合って、見事な復活を果たした。

鈴木も緒方の忍耐力に賭けるものがあったのだろう。それから鈴木は元とも相談をして、年末の契約更改のときに、「兼任の野手コーチとして契約したい」と打診した。だが、そのときも二つ返事ではなかった。緒方はこう言ったのである。

「僕はプレーヤーとしてやりたいのです。一人の選手として、球団が自分をどう見ているのかが問題なんです」

「あくまでプレーヤーとしてやってもらいたい。ただ、選手に加えて、肩書を付けて他の若い選手にアドバイスもしてほしいだけじゃ」

鈴木はそう答えたが、内心では、兼任コーチとしていれば不調で選手としての登録が外れても緒方を一軍に置いておくことができる、と思っていたのだった。それは彼の指導者の第一歩にもなるはずだった。

この、二〇〇七年はカープにとって試練の多い年で、鈴木たちはファンの希望をつなぎとめておかなければならなかった。けがをした緒方の離脱に始まり、オフには四番打者だった新井貴浩が、元カープの先輩である金本知憲の転じた阪神タイガースにＦＡ移籍した。続いて、前年残留した黒田もロサンゼルス・ドジャースと三年契約を結んでカープを去っている。

カープの大きな壁となっていた新人選手の希望入団（旧・自由獲得）枠制度が二〇〇六年を最後に廃止されていた。いよいよ、地道な広島スカウトの目利きが生きてくる、と思ったときに、カープは一挙に投打の柱を失ったのだ。

「あれほどの喪失感に陥ったことはない」と鈴木は言う。

カープの大野練習場に立つ「練習ハ不可能ヲ可能ニス」の石碑の言葉通りに、選手を鍛えて投打の柱に育て上げてきたのだが、これでは、育成のサイクルが間に合わない、とも思った。だが、冷静になって考えると、残った者で耐えるしかないのだ。大きな夢だった新球場は二年後にはできあがる。抽選とウェーバー制度を加味した新たな新人ドラフト制度で、チームづくりへの道は少しずつ開けてくるはずだ。

――戦力的に優勝なんて考えられないが、気持ちを明るい方、希望のある方へと向けて行こう。

　それに、鈴木にはもう一つの夢があった。それは黒田がいつかは戻ってくる、というおぼろげな灯りである。

　この年の八月、黒田が広島で看病を続けていた父親の一博が亡くなっていた。かつての南海（現・ソフトバンク）ホークスの選手である。母親もすでに亡い。そのときから、「黒田は大リーグ挑戦を決意するだろうな」と鈴木は覚悟していた。だが、前年の感動的な残留劇があったから、二〇〇七年は球団もファンも誰もが大リーグでの活躍を応援する形で送り出すことができた。それは、いつか広島で彼の投げる姿をもう一度見る夢につながっている。そのつもりで、鈴木は黒田と交渉を重ねた。黒田を送り出すとき、鈴木は、

「お前がバリバリでは、広島に帰ってこさせることができない。でもボロボロでは帰ってくるなよ」

　と声を掛けている。バリバリでは大リーグ球団が手放さないだろうし、ボロボロの姿をカープファンは見たくないだろう。バリバリでもボロボロでもない、最後の力を広島で見せてくれ、というのだった。そこには青々とした芝生の新球場があり、盟友の緒方も何らかの形で待っているはずだ。

　黒田が大リーグに送り出される半年前、阪神タイガースの事務所から、元社長が去ろうとし

ていた。二〇〇三、〇五年の阪神優勝の礎を、前監督の星野仙一らとともに築き上げた野崎勝義だった。一場投手を巡る栄養費問題で、社長から連盟担当取締役に降格された後、六十五歳の定年を迎えていた。

球団オーナーに就いていた宮崎恒彰からは、オーナー付きアドバイザーにと打診をされていた。報酬は一か月十万円だという。

十二球団実行委員会で退任挨拶をした時も、しばらくはタイガースに尽くすつもりでいた。ところが、球団の方針を巡って、どうしても意見が合わなかった。一つは新人ドラフト制度の在り方である。希望入団枠制度の撤廃に伴って、新しいドラフト制度をどう設計するかが問題になっていたのだが、宮崎は資金力のある阪神には、希望入団枠制度が有利ではないかと考えていたようだ。一方の野崎は一貫して完全ウェーバー制度で戦力均衡を図るべきで、それが十二球団の共存共栄につながる、という意見である。

希望枠と完全ウェーバー制度は水と油だ。野崎は球団にとどまっているうちに、後任の連盟担当役員たちが自分の信念に反する意見を展開するのは座視できない、と思った。

もう一つは、自由な発言を良しとされなかったからである。

野崎はアドバイザー辞退を決めた日、知人に次のメールを送っている。

〈とどめは、（オーナーから）外への発言（メディア、講演など）はできるだけ控えた方が良い、阪神はヤッカミの文化だから（電鉄の経営者たちの〝嫉妬〟を招くだろうから）、発言するなら、阪神との絶縁を覚悟した方が良いということでした。（中略）野球界に恩返しのためにも正論を訴えたいという私の思いは微塵に砕かれました〉

たぶん、宮崎は老婆心を言葉にしたのだろう。だが、そう忠告されても口をつぐんでいるわけにはいかない、と野崎は思ったのだ。

完全定年の前後に、自分を支えてくれた部下たちと話し合ったり、ささやかな会食をしたりした。

「球団を変えてもらってありがとうございます」

「優勝も一緒に味わわせていただき、感激でした」

感謝の言葉を心地よく受けているうちに、ある部下が、

「あれだけ活躍をされた社長がボロボロになった姿は見たくありませんわ」

とポロリと漏らした。それで退き際を悟ったのだ。

――トップギアに入っていた反骨心は少し落とさんとあかんな。それでもタイガース再建への思いはあきらめ悪く書いたり話したりしていこう。

実際に、週刊朝日などのインタビューを受けたり、二〇一一年に『ダメ虎を変えた！』（朝日新聞出版）を刊行したりした。

妻の艶子は、阪神電鉄入社から四十二年も勤め上げて、最後の月給も返上するの、と少しあきれた様子だったが、

「やることやったんや」
と言うと、それは間違いないわ、というふうにうなずいた。

3

日本の家電業界が熱に浮かされたようにリストラを繰り返した時期があった。日本を代表する企業に、「キャリア開発」を名目にした特別な部屋が設けられ、整理対象の中高年サラリーマンが集められていた。

そこに送り込まれた社員は、早々に会社を辞めることを期待されていたから、「リストラ部屋」とも「追い出し部屋」とも呼ばれていた。ところが、誰もが嫌がるこの部屋に志願した課長が、ソニーの外装設計部にいた。長島紳一という。

二〇一二年のことである。長島は五十四歳になっており、翌年から実施される管理職の役職定年制度の下で、統括職を解かれる不安を抱えていた。つまり、部下を持てないヒラ管理職に降格される危機を迎えていたのである。

彼は迷った末にこう考えたのだ。

――リストラ部屋にもメリットはある。各部門がそれぞれ募集する早期退職者に、部門の壁を越えて自由に応募できることだ。

それに早期退職者に応募して辞めれば退職加算金が二倍の三千万円に跳ね上がる。このまま会社にしがみついていても、降格や減給、転出、解雇、叱責、白眼視と、おびただしい不安に脅かされ続けるだけではないか。

——よし、ここを出て好きなことを始めよう。

「リストラ部屋」行きは、カードゲームでババを引いたようなものだ。だが、辞める覚悟を固めたとたんに、そのジョーカーは切り札にもなり得る。

そして、長島はリストラ部屋で四十四日を過ごし、会社を飛び出した。彼は海外企業のコンサルタントなどを経て、慶應義塾大学理工学部の研究員を務めている。

木村拓也は、その課長に似た心境だったのではないか。少なくとも二〇〇六年当時は——。

彼が所属する広島カープは前年の最下位に懲りて、新監督のマーティ・ブラウンに再建を託していた。一九七五年に指揮を執ったジョー・ルーツ以来の外国人監督である。ブラウンは三年計画を掲げ、地元出身のルーキー・梵《そよぎ》英心や東出輝裕《あきひろ》ら若手を起用し始めていた。

そのために一軍から外された一人が木村だった。三十四歳になっていた。

木村は百七十三センチと小兵だが、ドラフト外で入団した日本ハムから移籍し、十一年の間、ユーティリティープレーヤーとして活躍している。オールスター戦やアテネ五輪にも出場したものの、この年は開幕から二軍である。スポーツ紙は「監督の構想から外れた」と常套句を使った。

ライバル選手たちのけがや不調をじっと待つ手もあったのだろうが、木村はそうはしなかった。「まだ働けるから、他の球団に出してくれ」と球団本部長だった鈴木に掛け合ったのである。

木村は朴訥とした口調に矜持を隠した男で、「上原浩治が雑草と言うんだったら、俺は岩にへばりついた苔ですかね」と私に話したことがある。巨人のエースだった上原は、無名の高校時代からメジャーへと飛躍し、「雑草魂」を口にしていた。それなら、自分は「苔魂《こけだましい》」で頑張るしかないと、上原への羨望を込めて言うのだった。

鈴木から、巨人の球団代表を務める私のところに電話があったのは、夏めいてきて、二年目の交流戦も後半に差し掛かったころだった。

「木村拓也のことなんですが、若手が伸びてきて、ブラウン監督のカープには居場所がなくなりつつあるんですよ」

と鈴木は切り出した。木村が私の母校の後輩だったから、私は引き込まれた。

「拓也も移籍を希望しています。後輩にもう一花咲かせてあげてくれませんか」

私は若手一人を交換要員として提案し、鈴木はすんなりとそれを受け入れた。「けたぐりのようなトレードですね」と巨人監督の原辰徳には茶化されたが、それは巨人に一方的に有利な選手交換で、木村を出してやろう、という鈴木の強い気持ちがなかったら、あれほど簡単にまとまらなかった。

当時の私は、十一年間、巨人の背番号8を背負った仁志敏久から、木村と同じような申し出を受けていた。その年のオフに、仁志を横浜ベイスターズに送り出したので、鈴木の苦渋がわかるような気がした。仁志は「監督の方針もわかるが、使われないまま年を重ねていくのが耐えられない」と話していた。

私が頑固な仁志を嫌いではなかったように、鈴木も木村に思い入れを抱いていたようだった。それはかなり後になって知ったことだが。

そうした選手への情を断って、ブラウンの下で球団改革を浸透させようとしたところに、鈴木たちの背水の陣がある。カープは慢性的な経営難と球場の老朽化、選手の高齢化という三重苦に直面していて、それが球界再編事件によって、より露わになっていた。

最大の悩みは収入不足である。カープの年間収入は巨人の四分の一の六十一億円に過ぎず、それが四十八億円の試合関係経費——彼らは「試合原価」と呼んでいた——と百二十人の職員らの人件費などで消えていた。「試合原価」のうち、二十六億円は選手や監督・コーチらへの報酬で、残りも試合や練習のための経費である。これらは削りようがない。

球団経営に厳しい日本プロ野球選手会のアンケートでは、「カープは十二球団で一番年俸評価に不満を感じるが、一番交渉の誠意を感じる」という結果が出ている。ＦＡ制度が一九九三年に創設されてから、選手年俸は高騰の一途をたどり、その風潮に反して鈴木は「うちはカネがないんじゃ。何とか頼むわ」と選手を説得して凌いでいた。

支出削減の見込みがないということは、収入を増やす以外に、カープの生き残る道はないということだ。ところがここに大きな問題が生じていた。

収入の約四割に当たる二十四億円は、対巨人戦を中心とした放映権料収入で、三割強の二十一億円が年間指定席とチケット収入である。

つまり、収入の柱は放映権料収入で、鈴木たちは、対巨人戦の放映権を他のカードと抱き合わせで販売し、わずかだが黒字を維持してきた。しかし、二〇〇五年に仙台の地で新規参入した東北楽天ゴールデンイーグルスが、それまで一試合一億円が相場だった巨人戦放映権を七千万円でダンピング販売した、という情報が流れた。たちまちカープはテレビ局から値下げ交渉を受け、その価値は下落し続けた。いつまでも巨人戦を中心とした放映権ビジネスに頼ることはできない現実を、鈴木は噛みしめている。

他方、入場者数は、赤ヘル旋風の一九七九年に百四十万人を超えながら、二〇〇三〜〇四年は百万人台を割り込み、二〇〇五年も百五万人余に落ち込んでいた。阪神タイガースの三分の一である。タイガースは球団社長だった野崎らの球団改革で入場者数が球界一に躍り出ていたのだった。

その例を見ても、カープも入場者数を大いに伸ばす余地があるのだが、問題は広島市民球場にあった。老朽化が隠しようもなかったのである。

もちろん、鈴木たちはそれがよく分かっている。鈴木と元は何度も米国に飛んで、十年以上も大リーグの球場を視察して歩いていた。そして、天然芝で広々としたレンガのレトロ球場――ボルチモア・オリオールズのホーム球場である「オリオール・パーク・アット・カムデン・ヤーズ」のような、ボールパークの夢を描いていた。

――新球場さえできれば客層もファンの数も一気に変わる。家族三世代が三時間を楽しく過ごす、自慢の球場になる。街の再開発の原点にもなるだろう。

そう思って、鈴木たちは少しずつ布石を打ってきた。観客目標をまず百三十万人、新球場ができるころには百五十万人と中期計画を立てたうえで、二〇〇五年から球界で初めて六十五歳以上を対象としたファンクラブ「シニアカープ」を新設し、女性向けの「レディースカープ」の募集定員も大幅増員した。地域密着の窓口となる「地域担当部」も設置して、広島全域に監督や選手を派遣している。

4

一リーグ騒ぎでカープが経営危機を迎えたことが逆バネになって、市民の新球場建設運動が燃え上がっていた。その前面に、元インディアンス3Aバファロー監督で、ファンサービスに熱心なブラウンを押し出すことで、新球場時代へとつなごうとしたのだった。

実は、ブラウンの監督就任については、初めにひと悶着があった。

それは、山本浩二に代わる新監督の名前が取りざたされていた二〇〇五年秋のことで、元のところに古手の記者が来て、父親でオーナーだった耕平や、その下で三年間プレーしたブラウンの話題に及んだ。ブラウンは闘志あふれるヘッドスライディングで記憶に残る選手だった。そのうちに、元はうっかり監督候補であることをもらしたらしい。それをすっぱ抜かれ、期待を膨らませていた元は激怒した。

「もうブラウンはやめた！　絶対にブラウンは監督にせん！」と言い出し、騒ぎになった。やむなく日本人ＯＢを探したが、どの候補も過渡期の監督を任せるには荷が重い。ぎりぎり決断するタイミングになって、鈴木が進言した。

「もうブラウンがいいもんなら監督でいいんじゃないですか。誰が書こうが世の中がどう思おうが、こっちがいいと思ったんなら、ブラウンにしましょうや」

すると、元は待っていたように、「分かった、そうしようか」と言った。

そんな船出の出来事を忘れたかのように、鈴木たちはブラウンの合理主義と闘争心を尊重した。ブラウンは「私は頑固だが愚かではない」と言って、チームの負け犬根性を一掃するために、審判に猛烈に抗議したり、退場の際にベースをぶん投げたり、「フェアプレーに欠けている球団がある」と発言して他球団を怒らせたりして、チームを鼓舞した。投手陣には球数制限を課して、無駄球と四球を減らせと指示し、一方では出塁率重視の打線を組んで、データ重視のチームに作り変えた。

それを受けて、鈴木と元は打撃重視型だったそれまでのチームを、新球場対応型へと少しずつ改造していった。当時は、野手に「赤ゴジラ」の異名を取る嶋重宣、天才と呼ばれた前田智徳、本塁打王を取った新井貴浩らを擁していた。彼らの力の低下を見越し、広い新球場に対応した俊足堅守の選手をドラフトで集めようとしたのだった。

「鈴木さん、足と肩のある選手を獲ってください。投手中心に守り抜く野球をしましょうや」。

そう繰り返し鈴木に語ったのが、緒方である。

後に主軸となる丸佳浩（二〇〇七年度高校生ドラフトで三巡目指名）、菊池涼介（二〇一一年の二巡目）、鈴木誠也（二〇一二年の二巡目）、田中広輔（二〇一三年の三巡目）は、その計画に沿って獲り、育っている。

さらに、緒方は新球場の外野フェンスは、ファインプレーで打球をぎりぎりキャッチできる高さにするよう求めた。それが二・五メートルだった。本人に代わって、二〇一〇年八月四日に赤松真人が、同八月二十二日には天谷宗一郎が、それぞれ横浜戦でホームランボールを外野フェンスに飛び乗って捕球し、その映像が世界中に配信されている。

球団改革の夢を託した新球場マツダスタジアムは、二〇〇九年三月末に完成した。カムデン・ヤーズに似た、ネオ・クラシカル様式と呼ばれるボールパークで、延べ床面積は広島市民球場の三倍超の四万平方メートル、緩やかな勾配のスタンドと、球場を一周できる幅広いコンコースを持ち、あらゆるところから天然芝が眺められる構造を備えていた。

――チームの中でもここでプレーすることを切望した選手が三人いたな。

真新しいグラウンドに立って、鈴木は彼らの顔を思い浮かべた。

一人は二〇〇五年に引退して夢が叶わなかった野村謙二郎、もう一人は引退を思いとどまった緒方、そしてもう数年のプレーが可能な前田智徳である。この三人は二〇〇〇年八月、足を故障してピッツバーグ大学付属病院の施設にリハビリトレーニングに行き、その時に見た米国の球場の感動を鈴木に話して聞かせた。

だが、緒方の〝新球場元年〟はやはり厳しい一年になったのである。二〇〇九年は代打として五十三試合に出場し九安打、打率一割八分四厘に終わっていた。シーズン終盤に、彼は鈴木のもとにやってきて、「引退します」と言った。鈴木はブラウンが指揮を執るのもその年が最後だと知っていたので、こう答えた。

「監督が代わるから、選手生命はまだ延びるよ」

「温情で使われたくありません」

そうだろうな、と鈴木は思った。

「もう選手として目指すもの、やり残したこと、後悔はないのか」

「ありません」。二年前と違って、ためらいのない声だった。

彼の引退試合はシーズン最終戦十月十日、満員のマツダスタジアムで行われた。相手は巨人である。緒方は八回の守備から出場し、そのセンターへ、かつての同僚だった木村拓也が飛球を打ち上げた。彼の守備姿をファンに焼き付けてもらうために木村は狙って打ったのだ。緒方は最後の打席で三塁打を放った。続いてボールがそれた隙に本塁を狙ったが、ホームタッチアウトになってしまった。「ユニホームを真っ黒にする選手でありたい」と言っていた通りになった。

この試合でカープの年間入場者数は百八十七万三千四十六人と、百五十万人の目標をはるかに超える新記録を達成した。「いい引退試合だったね」。鈴木は緒方に声を掛け、木村を捕まえて、「うまいこと打つなあ」と頭を下げた。

木村もその年が最後のシーズンになった。彼は二〇〇八年には自己最高打率二割九分三厘を記録するなどして、巨人のリーグ三連覇の立役者の一人となった。そして、引退と同時に一軍内野守備走塁コーチに就いた。

その翌年の四月二日のことである。開場二年目のマツダスタジアムで、広島対巨人戦が始まる直前だった。巨人のコーチとしてノックバットを手にしていた木村が突然、グラウンドに崩れ落ちた。クモ膜下出血だった。それを見ていた緒方や鈴木、そして私も何もできなかった。

夏ごろになって、カープの選手ロッカールーム入り口に、横三十センチ、縦二十センチほどの銅板プレートが取り付けられた。元が発案したのだが、記者発表はしなかった。そこにはカープのユニホーム姿の写真が焼き込まれている。はにかむような木村の笑顔の横にこう刻まれていた。

〈木村拓也
広島東洋カープ在籍
1995~2006（11年間）
投手以外の全ポジションで活躍
最後まで闘う勇気と闘志。
あなたの笑顔を
私たちは忘れない。〉

そのプレートを、コーチとなった緒方が触れて出て行く。鈴木はその姿を見かけるたびに、彼らの寡黙な友情を感じた。

だいぶ経ってから、二〇〇九年オフに木村をカープのコーチにして戻す計画のあったことを私は知った。巨人のコーチに先に決まったので、鈴木はしばらく見守ることにしていたのだという。

そんなリストラの結末もあるのか、と私は思った。

第十三章

枯れたリーダー

球団本部長は信じた。
「大木がなくなれば
そこに陽が差し、
また新しい芽が出るじゃろ」

1

ドジャー・スタジアムは、ロサンゼルス・ドジャースのホーム球場で、その空はたいてい、青一色にひろく晴れ渡っている。二〇〇九年の第二回WBC決勝戦で、「侍ジャパン」のイチローが伝説的な決勝打を放った舞台でもある。

その決勝戦の翌年九月二十三日、バックネット裏正面席には、カープの鈴木がいた。彼の視線の先で、ドジャースの先発・黒田が力投を続けている。

黒田の直球は球速百五十キロを超えた。フォークやスライダーも切れ、八回を一失点に抑えて自己最多の十一勝目を挙げた。

鈴木は目を見張った。

——なんだ、広島時代より進化している！　バリバリだ。

鈴木は隣の席に声をかけた。駐米スカウトのエリック・シュールストロムがいた。

「これじゃ、来季の広島復帰は難しいかもしれんな」

黒田がメジャーに挑戦するとき、鈴木は「お前がバリバリでは、広島に帰ってこさせることができない、でもボロボロでは帰ってくるなよ」と声を掛けていた。その黒田はメジャーに対応して成長していた。三十五歳でまだ進化を続けているのか。

カープ時代は剛球とフォークでねじ伏せていたが、日本での成功パターンを捨てて、アメリカ野球を受け入れていた。ツーシームやカットボールなど持ち球を増やし、相手を見ながら内外に緩急を付け、テクニックで抑えているのだ。

黒田はカープからドジャースに移籍して三年目、契約の最終年を迎えている。鈴木は広島に戻って来てほしくて、黒田が帰国するたびに会ったり、国際電話をかけたりしていた。そして、とうとう米国西海岸まで様子を見にきたのだった。

ただし、万一にも不正交渉の疑いをかけられないよう、事前に日本プロ野球コミッショナー事務局に渡米の届けを出している。そして、黒田の視線の届く正面席に座って、鈴木は「ここにきているぞ」と目で話しかけていたから、日本の記者に視察は丸見えだった。

鈴木は黒田に挨拶すらしなかった。記者に捕まると、「コメントは差し控えます」と逃げるように球場から去っている。黒田は後で「マウンドから見えていましたよ」と笑ったが、今日の投球は素晴らし過ぎた。

――とてもメジャー球団が手放さない。

と鈴木は思った。果たして数球団の争奪戦に発展し、年が明けるとヤンキースに移籍した。

それからしばらくして、鈴木は黒田が一勝するたびに、投球の印象や応援の言葉を記したメールを黒田に送り始めた。それは球団を代表したものではなく、ひとりの知人としての便りだった。復帰については触れなかった。そのメールは二〇一四年まで続いた。

黒田に惹かれる理由はいくつもあった。プロならば努力して成長するのは当たり前なのだが、年を重ねるほど進化している。遅咲きの、その意味ではカープ好みの選手なのである。

彼は南海ホークスの外野手だった黒田一博の次男として、一九七五年に生まれている。一博は社会人野球の強豪である八幡製鉄から南海に入団し、一九五一年からのパ・リーグ三連覇に貢献した。引退後はスポーツ用品店「黒田スポーツ」を開くかたわらで、ボーイズリーグ「オール住之江」を作って監督として選手を育て、黒田を大阪の強豪・上宮高校に進ませたが、黒田自身は控え投手に過ぎなかった。

それが専修大学に進学すると百五十キロ台の速球を投げるようになり、ドラフト二位でカープに入団する。初めは速球とフォークだけの不器用な投手で、十二勝を挙げてチームの勝ち頭となるのは入団五年目、二〇〇一年のことである。

その翌年の夏に母親の靖子が六十歳で亡くなる。鈴木が取締役球団部長兼営業企画部長のころで、彼は球団を代表して葬儀参列のために大阪へ出向いた。

葬儀の約二時間前に鈴木は着いた。近くの喫茶店でアイスコーヒーを飲みながら、黒田の母親の〝伝説〟を思いだした。

靖子は高校の元体育教師で、しつけに厳しい母親だったという。上宮高校の野球部監督から「とにかく走れ」と指示された黒田が四日間、風呂にも入らずに走り続けた話が残されている。見かねた先輩部員の母親が、息子と黒田を合宿所から連れ出して自宅で風呂に入れた。ところが電話で連絡を受けた靖子は、黒田をすぐに合宿所に送り返すように求めた。戻った黒田はまた走り始めた、というのである。

式場にはたくさんの教え子が列を作った。黒田が「強烈なオカンやった」と言う人は、惜しまず愛情を注いだ先生だったのだろう。そう思っていると、代表焼香で鈴木の名を呼ぶ声がした。

黒田はその年も十勝、翌年も十三勝を挙げて三年連続二桁勝利に輝き、二〇〇五年には最多勝利、〇六年には最優秀防御率のタイトルを獲った。球界再編騒動が起きた〇四年のオフには、広島の選手会長に就き、選手たちにファンサービスを呼びかける存在となった。

靖子の葬儀からもう八年が過ぎている。長い付き合いだ。だからこそ聞けることがあった。

――あとひとつチームに足りないものがある。一体、それはどうしたら得られるのだろうか。

鈴木は黒田が日本に帰国するたびにその疑問を投げかけ、気心の知れた緒方とも意見を交わした。

黒田は精神論を言い、緒方はいつもチーム作りの具体論を語った。緒方はこうだ。

「野球はピッチャーですよ。いいピッチャーを獲って下さい。野手は作れますから。球団にカネがないなら、素材のいい選手を取って育てましょうよ。他球団とおなじことをしたら、カープの価値がなくなりますからね」

その言葉通り、緒方、金本、江藤、前田、新井といった広島の看板打者は、いずれもドラフト三位から六位で入団している。

一方の黒田は「みんなの気持ちが一つにならないとだめですよ」と言った。

「僕自身、自分に勝ち星がついても、チームがひとつになっていなければうれしくないです」

投手と野手の一体感——それが勝つための必須条件だということは頭ではわかるが、それは鈴木の手に余ることだった。

——野球は個の力があってこそだ。その個の力をどう繋げていくか、どう和を保って力を一点に集中させるかだろう。チームが負けていくと、不協和音は野手の側から出やすい。だが、打てなくても投手はあまり不満をあからさまにしない。だからこそ、投手力のある方がチームとしても和を保ち、粘り強さにつなげることができるのかもしれない。

鈴木はこうも思っていた。個々の力を撚り合わせ太い綱へと編み上げるものは、黒田のような存在だろう。何としても彼をカープに戻さなければならない。それが彼に惹かれる一番の理由だった。

ところが、「帰りたい」という声は、意外なところから起きた。

二〇一三年七月二十日、明治神宮野球場で開かれたオールスターゲーム第二戦のときだった。

鈴木がたまたまグラウンドに出たら、そこへヤクルトの選手兼任コーチ・宮本慎也と阪神タイガースに移籍していた新井が近づいてきた。宮本は第六代、新井は第七代のプロ野球選手会会長で、親しかった。宮本が笑いながら話しかけてきた。

「鈴木さん、新井がカープに帰りたいそうですよ」

「そうか、帰ってきてもいいよ。阪神を自由契約になったら二千万円ぐらいでな」

「わかりました」と新井が言ったとたんに、爆笑が起きた。新井の年俸が二億五千万円といわれていたころである。新井は、二〇〇七年オフにFA権を行使してタイガースに移っている。それが怪我のために出場機会が減っていた。その後、新井と話す機会はなかったが、帰りたいという言葉は鈴木の中にずっと残った。

二人にはFA移籍の際、軽い諍《いさか》いがあった。鈴木は新井を残留させようと交渉を続けていたのだが、東京に出張した夜に新井から電話がかかってきた。

「僕、カープを出ます」

「ちょっと待てよ」

「もう決めましたから」

鈴木は翌朝一番の新幹線で戻り、新井に「何やこれは！　急に決めて」と怒った。

「俺はもう会見に出ないぞ。ホテルを取っておいたから出るといいわ」。それでも気になったので、会場の後ろに突っ立っていたら、視線が合った。

新井は未練を残していたのだろう。翌年、カープに戻る前に電話があって、新井は心配そうに、「どの面下げて帰ってきたんだ、と思われませんかね」と漏らした。

「思われるだろうな」

鈴木は、もし帰って来るなら、と釘を刺した。

「二千万ぐらいと言ったよな。そこらでいこう」

すると、新井はあっさりと言った。

「いくらでもいいです」

オーナーの元はその話を聞いて、「その金額では少しかわいそうじゃないか」と言ったが、鈴木は意地を張った。

「以前に話をしたこともあるんですよ。本人が帰りたいなら、覚悟をもって帰ればいいんじゃないですかね」

カープの監督は野村謙二郎から緒方に代わろうとしていた。緒方は新井の出戻りに少し抵抗を見せたが、「あいつがユニホームを着たら、守ってやりますけどね」とにやりとした。


野村は五年間指揮を執り、三位で終わった二〇一四年シーズン終了直後に、体調不良を理由に辞任を申し出ていた。次期監督は緒方しかない、と元との間で決めていたから、鈴木は球場で通りかかった緒方に「次の監督は他にはいないから頼むよ」と小声で伝えている。彼は一軍野手総合ベンチコーチである。戸惑いながらも、「はい」と言った。

シーズン終了後に改めて球団として正式に依頼したが、家族のような球団だから、長男が辞めれば次男が引き継ぐような感じだった。誰も「次はお前だ」と言っていたわけではないが、チーム内でその存在が重くなっていけば自然に監督の順番も決まるもので、鈴木から最初に頼まれたときに、緒方は、受けなければいけない、と感じたようだった。

2

その電話の声は、驚くほど鮮やかに耳に残っている。

鈴木は、マツダスタジアムの一階にあるカープの球団事務所にいた。新井がタイガースを自由契約になって二十二日後、二〇一四年十二月二十六日のことだ。

時間まで覚えている。午前十時十一分だった。

ニューヨーク・ヤンキースの黒田は国際電話で、確かにこう言ったのだ。

「僕は帰ります！」

鈴木は、えっ、と反射的に応えた。

「ドジャースか？　パドレスか？」

帰る、という言葉を聞いて、家族の住む米国西海岸のチームに戻るのか、と一瞬思ったのだ。

西海岸には、黒田がかつて所属したロサンゼルス・ドジャースがあり、その南にはサンディエゴ・パドレスがある。

「カープですよ」

鈴木は「ありがとう！」と大きな声で叫んだ。その後は何を話したのかよく覚えていない。十六分五十六秒も会話していたのに。


黒田はカープからメジャーに挑戦して七年が過ぎようとしている。二〇一四年シーズンもヤンキースでただ一人、先発ローテーションを守り、十一勝を挙げた。ヤンキースでの年俸は千六百万ドル（約十九億二千万円）。翌年もヤンキースや古巣のドジャース、パドレスが、二十億円近い額を提示していると報じられていた。

その彼も間もなく四十歳になる。

――黒田の年齢や性格からして、次のメジャー球団で良い成績を出せなかったら引退してしまうな。

鈴木はそう感じていた。黒田のためにずっと背番号15を空けて待っていたものの、二〇一四年オフがカープ復帰の最後のチャンスになると腹をくくっていた。

黒田は十二月に広島に滞在していて、二十四日のクリスマスイブには鈴木と話し合っている。黒田は、大リーグ残留か、カープ復帰かで迷っていた。そして、滞在を少し延ばそうとしていたので、鈴木は「クリスマスは、アメリカに帰って家族と過ごせよ」と言って送り出したのだった。

別れる際、日本プロ野球の統一契約書を渡して、「もしカープに帰ってきてくれるならば、これにサインをしてファックスで送ってくれ」と頼んでいた。カープとしての来季年俸額が記入してあった。「帰ります」という電話があったのはそれからたった二日後だったので、鈴木は少し混乱したのである。

ファックスの前で鈴木は落ち着かなかった。黒田のサインした統一契約書が届くはずだった。黒田は口に出せばそれを守る男だが、ファックスが来れば確約だ。

ピー。時折、他のファックスが入ってきた。鈴木は職員に指示をした。

「当分、誰もファックスを使わないでくれ!」

そしてとうとう、それは来た。ファックスを受け取り、黒田に確認の電話を入れると、鈴木は球団事務所の二階に駆け上がった。オーナー室と総務、営業、販売のフロアがある。元は奥の方で職員と話しており、飛び込んできた鈴木と視線が合った。鈴木はファックスを手に、両手で大きくマルを作った。その合図で黒田が帰ってくる、とわかったようだ。

翌々日の新聞では、元が慌てて手にしていた飲み物をこぼした、と書かれていたが、鈴木には、統一契約書を手に満面の笑みを浮かべた元の記憶が残っているだけだ。鈴木はその電話の着信履歴を保存するために、スマホの機種変更をした。記録そのものが彼の宝になった。

黒田とは代理人を間に立てることなく、直に話をしてきた。二〇〇六年に彼がＦＡ権を取得した際もそうだった。広島市民球場の隅の会議室で、「FAを決断する前に、必ず先に話してほしい」と伝えている。その七年前、緒方とのFA交渉で、「決める前に、俺には言ってくれ」と頼んだのと同じ言葉だった。

――俺はもともと淡泊な性格だ。金銭的にいい条件を出せるわけもなく、強く勧誘したり説得したりするのは苦手だから、ただ話を聞いて自分の思った気持ちを伝えるぐらいしかできない。

その鈴木に黒田は「僕はFA権を行使する前に、他球団と会うようなことはしません。全て断ります」と言って、他球団から接触があるたびに打ち明けた。

私もそのころ黒田の真意をつかみたいと思っていた。黒田が後で漏らしたところによると、巨人のエースだった上原浩治も「うちに来てほしい」と黒田にメールを送っていたが、黒田自身はエースがいる球団に行きたくなかったらしい。私は彼に会うことすらできなかった。だから、鈴木がそのころ、黒田のことを「律儀で純粋な男ですよ」と嬉しそうに言うのを聞いて、少し妬ましく思った。

黒田の行為をスポーツ記者は「男気」と書いた。メジャー球団の巨額のオファーを蹴って、カープに一年間、残留したのだから、その記述も理解できた。来年に何が起きるかは誰にもわからないことだし、何十億円という金を拒める人間はそう多くはいないだろう。当時、プロ野球選手会会長だったヤクルトの宮本は、私にこう話したものだ。

「野球教室で集まった子供たちに僕は言ってるんですよ。『男だったら黒田になりな』ってね」

ただ、黒田自身は「男気」と言われることに少し違和感があったという。彼は二〇〇六年十二月二十七日付のスポーツニッポン紙上でこう語っている。

〈僕にはカープにいるからここまで来られた、という部分がすごくあるんです。強いチームを倒すとか、タイトルを獲るとかで、カープを周りに認めさせるような投手になりたい。そういう気持ちでずっとやってきたわけです。ユニホームが替われば自分の野球じゃなくなるような気がして。移籍するとモチベーションが変わってしまうというか、どこかで満足してしまう部分があるのかなあ、と。そういうふうになりそうで怖かった〉

それから一年後に黒田はメジャーに挑戦したのだが、そのころと、カープ復帰を決めた二〇一四年とでは、球団は大きく変わっていた。二〇〇九年以降、赤貧球団の経営は飛躍的に改善されていたのである。

最大の理由は新球場の建設に合わせて地域密着型の球団色を強く打ち出し、全国に住む広島出身者から女性、シニアに至るまでファンの掘り起こしに努めたことにある。それが「カープ芸人」や「カープ女子」の登場につながり、さらにファンを拡大した。

一方、マーティ・ブラウンに続く監督の野村は二〇一〇年から、セ・リーグ五位、四位、三位と期待をつないだ。野村の最後の年になった二〇一四年の入場者数は百九十万人を超え、鈴木がマツダから転身した一九八三年の二倍に達していた。このころから、鈴木は「もしかしたら」と思い始める。

復帰した黒田にカープが払う年俸は四億円（プラス出来高払い）、メジャー球団の五分の一である。

だが、広島市民球場の時代にはその支払いさえ難しかったのである。緒方が一九九九年に巨人の誘いを蹴って残留したとき、カープは一億七千万円の年俸を提示した。すると、緒方は心配して聞いてきた。

「こんなにカープが払えるんですか」

「くれるいうんじゃったら、もらっておけよ」

鈴木は笑って言った。まだ営業企画部長兼商品販売部長で、年俸には関与していなかったのだ。

3

そのころと比較して経営が安定したことで、年俸水準が上がり、外国人補強も容易になってきた。さらに、カープのスカウトが長年頭を悩ませていた希望入団枠が撤廃され、新人ドラフト会議で傑出した高校生や大学生を獲得できるようになっている。新球場が完成したことで練習環境も整備された。そこへ新監督の緒方が登場し、かつて四番だった新井、そして黒田も戻ってくる。

そこまで考え、計算していたわけではない。一つずつ点と点が偶然に結びついて、形になっただけのことである。

アップルを創業したスティーブ・ジョブスが、こんな言葉を残している。

〈(私たちは)後から、あの点と点がつながっていた、と知ることしかできないのです。だから、今やっていることを信じて下さい。今は点にしか見えないものが、いつか将来つながって、実を結ぶと。何かを信じるということが大切なのです――あなたの中にある根性であったり、運命であったり、人生そのものであったり。私はこう信じることで、これまでくじけずにやってくることができました〉(二〇〇五年のスタンフォード大学卒業式祝賀スピーチから)

鈴木や元たちもいつか点が結びつくと信じて、点を拾い集めてきたのだろう。

だが、そうして迎えた二〇一五年シーズンは結局、四位に終わった。首位と六・五ゲーム差で、前年の三位からまたもやBクラスに転落である。

黒田と新井の復帰に小躍りしたファンの落胆は大きかった。その年を「黒田騒ぎ」と表現した記者もいる。鈴木は遠征先の球場でファンの罵声を浴びた。

「鈴木! お前は何やってんだ!」

これで二十四年間、優勝がないのだ。その年は新井が途中から四番に座って打率二割七分五厘と復調し、規定打席にも到達した。黒田は期待通り十一勝、前田健太も十五勝を挙げたのである。記者たちは貧打線だ、リリーフ陣が弱いと指摘し、緒方の采配を厳しく批判したが、鈴木はそうは思わなかった。

——監督の采配で勝てる試合がいくつあるというのか。

たぶん、緒方は世界中の監督のうち、一番遅くまで球場にいて、一番早くやってくる監督だ、と鈴木は思っていた。いつも試合が終わるとスコアラーを呼んで試合を振り返り、ナイター明けの日も午前八時過ぎには球場に姿を見せてスコアラーと試合の準備をし、作戦を練っている。緒方のストイックな姿を知ってなお、誹《そし》る資格のある者はいないように思えた。

それに鈴木は振り返ってばかりはいられなかったのである。その二〇一五年オフに、黒田と並ぶ「ダブルエース」だった前田が、ポスティングシステムを活用してメジャーに挑戦すると宣言しており、代理人との交渉にも時間を割かれていたのだった。

「マエケン」と呼ばれる前田は、実力、人気ともに頭抜けた投手である。PL学園高校から二〇〇六年の高校生ドラフト一位で入団し、八年間で通算九十七勝。二度の最多勝利、三度の最優秀防御率に輝いていた。

前田はずっとメジャー志向を口にし、FAの資格を得るのも目前だったから、鈴木は早くから流出を覚悟していた。個人的には、せっかく挑戦するのだから、良い条件で成功してもらいたいとも思っていた。しかし、優勝まであと一歩のところで、戦力的に痛いことは否定できない。

——せっかく黒田たちが戻ってきたのに……。

鈴木がそう思っているとき、黒田はこう言ったのである。

「マエケンが抜けても、優勝できますよ」

なぜそう言えるのか、とは聞かなかった。技術的にも精神的にもチーム力が上がってきているのはわかっていた。考えてみれば、鈴木自身も主力選手をFA移籍などで失うたびに、同じような言葉を口にしてきたのである。

「獲られたらまた作る。大木がなくなれば、そこに陽が差し、また新しい芽が出るじゃろ。負けてたまるかの精神じゃ」と。

二〇一六年は、鈴木がそれまで講演会や新聞記者に発してきた言葉の正しさを、自分で嚙みしめる一年となった。黒田や新井に導かれ、それまで眠っていた才能が芽を出し、花咲くシーズンとなったからである。

黒田を師匠と仰ぐ野村祐輔は、入団五年目で十六勝を挙げた。マエケンの穴を埋めただけではなく、セ・リーグの最多勝利と最高勝率のタイトルも獲得した。大阪商業大学出身のルーキー・岡田明丈は、黒田を目標に置いて先発ローテーション入りし、無名の藪田和樹は中継ぎ投手から、後半戦で先発の一角を占めた。抑えの中崎翔太は、今村猛、一岡竜司、ブレイディン・ヘーゲンズ、ジェイ・ジャクソンと共に強力なリリーフ陣を形成して、土壇場の勝利を次々に呼び込んだ。

誤算はいつものようにあった。例えば、中日ドラゴンズから獲得して四番に座ったエクトル・ルナは開幕早々に故障離脱している。だが、新井が取って代わり、一番の田中広輔から菊池涼介、丸佳浩へとつなぐ泥臭い打線と、「神ってる」と監督に言わせた鈴木誠也の劇的な一打を加えて、十二球団一の得点力を誇った。

そうした選手の飛躍を、誰が予測できただろうか。

鈴木は選手が急成長した理由をこう考えた。

――はからずも、投手陣と野手陣に、黒田、新井という二人のチームリーダーが復帰した。本来、選手の成長を促すのは監督やコーチの役割だが、時に選手のチームリーダーがそれ以上の力を発揮することがある。しかも、黒田と新井の二人は仲が良かったために、投手と野手の双方がバラバラにならず、優勝という同じ方向を向いた。

それに、もう一つ理由がある。

黒田と新井が二〇〇七年オフに一度、FAで出たときは、二人ともに能力が飛びぬけていて、チーム全体が追いつけない存在だった。だが、復帰したとき、二人は実力がありながらも少し枯れていて、精神的にもゆとりを持っていた。

引退が近いということもあり、黒田で言えばマウンドでの心の持ちようや失敗談を打ち明け、メジャーで覚えた新球、投球術を惜しみなく教えた。若い選手たちも「師匠」「大先輩」と立てながらふざけあったり、からかったりすることができたのだろう。そうして、みんなが押し上げられた。

その中にあって、黒田と新井も成長したのである。特に新井は阪神タイガースの自由契約選手から、カープの四番に復活した。新井が史上四十七人目の二千本安打を記録したのは、この二〇一六年の四月二十六日である。ドラフト六位指名から這い上がった不器用な打者らしく、三十九歳二か月の記録である。

記録を残した後、鈴木は大野寮ロビーに掲げられた言葉を思い出した。

〈わらわれて　しかられて　たたかれて　つよくなるのだよ〉というあの言葉だ。

あれは新井のためにあったような言葉だと、しみじみ思った。

人々は親たちの遺影を
家々から持ち出し、沿道高く掲げた。
「ありがとう！」

第十四章

耐雪《ゆきにたえて》梅《ばい》花《か》麗《うるわし》

1

「失敗したら、俺が責任を取るよ」

マツダスタジアムの監督室に入った球団本部長の鈴木が声をかけた。緒方がカープの監督に就いて二年目、二〇一六年の開幕直前のことだった。

鈴木がチームに付いてから、緒方は五人目の監督だが、今まで口にしたことのない言葉である。彼は万事を悪い方に先回りして身構えることに慣れている。

鈴木の心の昂ぶりのようなものを緒方は感じ取ったのだろう。はっきりした言葉で返してきた。

「何を言っとるんですか！　一蓮托生ですから」

チームがうまく回り始めたころに、そのやり取りは鈴木の胸に戻ってきた。俺が、お前が、というのではなく、「全員で優勝を」と、誰ともなしに言い出していた。

どんな球団でも、フロントとチームとの間には川が流れている。鈴木は常務取締役の立場にあり、監督やコーチは一年契約の個人事業主として雇われている。そして、選手とは労使関係にある。鈴木は十二球団の選手関係委員長を務め、プロ野球選手会と対峙していたこともあった。

鈴木は遠征先の宿舎で食事するときも、彼らと席を共にしないことを心掛けていた。以前は古参のコーチとしょっちゅう一緒に食べた。しばらくして、「あのコーチはごますっとる」と陰口を叩かれていることを知った。

どうしてそういう言い方をされるんかな、とがっかりした。それから食事は一人に限ると思っている。

「選手に思い入れを抱いてはいけませんよ。優しくしたりしていると、後で辛くなりますからね。いつか切るときが来るんです」。私も巨人で古い編成部長にこう言われたものだ。

鈴木は緒方のことを、年の離れた友人だ、と思っていたが、実は一度しか食事をしたことがなかった。それは一九九九年に、FAとなった緒方をカープに残留させようと試みたときのことだ。鈴木は緒方を自宅に招いて、妻の作った焼肉丼を一緒に食べた。

その十五年後に緒方が新監督に就任したとき、二人は約束のような言葉を交わした。遠慮せずに対等に物を言おう、と。鈴木は「采配がおかしいと思ったら言うよ」と宣言し、緒方は「私も球団がおかしいと思ったら言いますからね」と言い返している。

だが、緒方が開幕前に、「一蓮托生ですから」と言ってくれたことで、向こう岸との隔たりが手の届くところにまで近づいたように思えた。その年は、自分も全員のひとりだと信じられるような出来事が続いた。

「新井貴浩の二千本安打をみんなで応援したいんですが」

黒田が、鈴木のところにやって来たのは、それから間もなくのことである。カープの選手会長の小窪哲也も一緒だった。二千本安打にあと二十九本に迫っていた新井は途中から四番に座って打ちまくり、四月中にも記録を達成する勢いだ。それに合わせ、新井本人に内緒で記念Tシャツを作って、大記録を盛り上げようというのである。

「それじゃ、どんなデザインにするか」

鈴木を交えた三人は、選手ロッカー室の隅でひそひそと話し合った。Tシャツの前面に、新井が「あかんべえ」をした写真と〈1歩ずつ大台への階段をのぼっています。〉という言葉を置くことは、すぐに決まった。

すると、黒田が、Tシャツの背面に〈まさかあのアライさんが…。〉という言葉を入れたらどうか、とアイデアを出した。

新井は自分でも漏らしていたのだが、「どの面下げて帰ってきたんですか」と、阪神からの出戻りを同僚にからかわれていた。だから「フライ落球」の絵を加えて、「いじりを入れよう」ということになった。

ただ、新井本人に着せるTシャツまで同じものでは、その〝いじり〟に点睛を欠く。「じゃあ、ほかの言葉を使うか」と鈴木らは思案した。そこに、ホームラン性のボールをキャッチして一躍有名になった天谷宗一郎が首を突っ込んできて、

「『まさかじゃない！　みたか！』はどうですか？」

「面白い！　なるほど、新井らしくて反骨心が丸出しだ」

鈴木は彼らの言葉のセンスに唸ってしまった。確かに新井は入団時から三振とエラーの連続だった。コーチにしごかれ、叱られ、へたくそだ、と笑われて懸命に練習し、二千本の安打を放つ選手にまでなった。

だから、〈まさかあの〉と〈まさかじゃない！　みたか！〉という二つの言葉は、彼の野球人生を物語る言葉だと思えた。その場に居合わせた選手は皆、笑みを浮かべた。

そして、記録まで残り四本となったとき、みんなで新井を驚かそうと打ち合わせた。練習開始の約二十分前に、まず鈴木が新井を別室に呼び、「チーム状況をどう思うか」と、うだうだとした話で引き止める。その間に選手や監督、コーチ、スタッフ全員がベンチで着替え、グラウンドに集まった。準備が整うと、マネージャーから電話が入った。

「新井、もう練習が始まるわ。悪い、悪い……」と鈴木は言いながら、新井をグラウンドに送り出した。新井は練習に遅れそうなので、慌てて飛び出した。グラウンドでは、全員が真っ赤な「まさかTシャツ」を着て待ち受けている。新井は一人、ユニホーム姿だ。

「すみません！　すみません！　鈴木さんに呼ばれて……」

と大声を上げた。赤い輪に駆け寄って、あれ？　何か変だぞ、と気づいた。全員で彼を迎え、大爆笑の嵐で包んだ。

このTシャツ応援は、カープ球団の二つの変化を示している。

一つは、前章でも紹介した二人のリーダーの存在が、チームを一つに、しかも楽しくまとめ上げたことである。

緒方の前に監督を務めた野村謙二郎は、連敗の際に、何度もリーダーの不在を感じたという。リーダーは育てたり指名されたりするものではなく、「自然と周りに認めさせるもの」というのが野村の考え方だった。だが、当時の選手はけがをしたり、自分のことで精一杯だったりした。

〈よく言われたのが「ヤクルトには宮本慎也がいて、カープには宮本がいなかった」というセリフだった〉と、彼は自著に書いている。

ちなみに、巨人もリーダーの育ちにくいチームであった。それは過去、落合博満、清原和博、工藤公康、小久保裕紀といった一流選手が切れ目なく移籍してきたからである。チームにも、リーダーとなるべき松井秀喜や高橋由伸、上原浩治といった選手がいたが、移籍選手が球界の大先輩で、しかも影響力が強いために、生え抜きの側に遠慮があってリーダーシップを取ろうとしない空気があった。それが、監督の指導力に依存し、他球団の主軸を獲り続けて圧倒的戦力で勝つしかない、という巨人の妄信につながっている――古い球団幹部はそう嘆いていた。

二つ目の変化は、選手たちがアイデアを持ち寄って、球団と一緒に企画する機運が生まれたことである。

始まりは、監督だったマーティ・ブラウンがメジャー流のパフォーマンスを演じ、審判に抗議して一塁ベースをぶん投げたことだった。それを聞いた松田元の発案で、「ベース投げTシャツ」を作った。前面に「DANGER！（危険！）」、背面に「MY　MANAGER　THROWS　BASES（うちの監督はベースを投げるぞ）」をプリントして選手に配っている。

次に、「隠し球Tシャツ」を作ったときにはファンに売り出してみた。それは巨人戦で、走者の阿部慎之助が二塁手・山﨑浩司の隠し球でアウトになったことをからかったもので、前面に〈野球の基本　ボールから目を離さない。〉と入れた。阿部が三十枚も注文し、とたんに売り切れてしまった。

それからカープは面白い出来事があると、Tシャツを作って売りまくった。一枚一枚はたいした儲けではない。だが、メジャーを視察したり、選手からアイデアを募ったりして、企画即販売方式に踏み切ると、それは選手年俸を二年分も稼ぐ金額に達した。今ではTシャツをプリントする自社工場も持っている。ファンと楽しむ、その雰囲気を選手たちも歓迎し、それが赤貧球団から脱する商法になっているのだった。

新井の二千本Tシャツを売り出してから約三か月後、黒田が日米通算二百勝を達成した。今度は新井が中心になって、黒田のためのTシャツを企画した。黒田は新井の二つ年上で、硬骨漢だからいじりにくい。それでTシャツの前面は、黒田の横顔と彼の座右の銘〈耐雪《ゆきにたえて》　梅花麗《ばいかうるわし》〉

を入れ、背面にいたずらを施した。歯を食いしばる黒田の顔を置き、その横にカープの語り草となっている出来事を文字にして入れた。

黒田はカープに入団した年に二軍教育リーグで投げて、一イニング十失点という屈辱を味わっている。当時の二軍監督は通算百十九勝を挙げ、「巨人キラー」としても鳴らした安仁屋《あにや》宗八である。彼は白ヒゲを蓄え、「安仁屋サンタ」と呼ばれたが、「くたくたにへばった時に本来の投球フォームが出てくる」と信じる激しい指導者で、黒田が由宇練習場のマウンドで打たれ続けても、知らん顔をして交代させなかった。自分で蒔いた種は自分で刈れ、と教えたかったのである。

それは二軍の伝説の一つで、黒田もそんなところから這い上がってきたということを、新井や鈴木は伝えたいと思った。

黒田が七月二十三日に、対阪神戦で二百勝を達成すると、選手たちはその記念Tシャツを着て記念写真に収まった。黒田を真ん中に置き、全員がくるりと背中を向けた。その赤いシャツに、

〈あの黒田さんがまさか…1イニング10失点＠由宇〉

の白い文字が浮き上がった。選手の爆笑が起き、マツダスタジアムのスタンドから万雷の拍手が沸いた。

鈴木はグラウンドの片隅にいた。

彼は一緒に喜ぶよりも、後ろの方で、人が喜ぶのを見るのが嬉しい質だ。冷めた性格だからなのかもしれないが、サラリーマンの枠のなかで、妥協は少なく、いかに歯車の一つとして動くかをいつも考えてきた。カープはオーナー企業だから、一人では何もできないのだ。

矜持があるとすれば、ずっと人の心が休まる寺を造ろうと考えながら石を運んでいることだ。東洋工業にいたころ、先輩からこう教えられたのである。

「ある旅人が石を運んでいる人々に、『何をしているんですか』と尋ねた。一人が『私は石を運んでいます』と言い、二人目は『塀を作っています』と答えた。ところが、三人目の男は、『私は寺を造っています。みんなの心が休まるような』と答えたというんだ。

同じ仕事でも、三人目の男は、目的をはっきり持って石を運んでいる。単調な仕事でも、いつも何のためにやっているのか、ということを考えなくてはいけない。寺を造って人々に喜んでもらうために働いている、というような意識だよ」

球団本部長という仕事は褒められることがない。トラブルの処理や煩雑な契約、選手の獲得、整理といった地味な積み重ねの毎日だ。それでも先輩の言葉がどこかに残っているから、何でもやってきたし、屈辱や衝撃的なことがあってもぐっと我慢できている。ずっと先の目指すものを見失ってしまったら耐えられない。心が休まる寺——野球の世界で言えば、ただ勝つというだけでなく、ファンを心の底から突き動かすような育成球団を生み出すために、今を生きているのだ。

そう考えながら、鈴木は無言で試合を見る。カープの視察室は、球団本部長が阿南準郎だった時代から、感情と声を出さないのがしきたりのようになっていて、いつの間にか一喜一憂ができない空気になっている。

だが、この年は鈴木が思わず、「おお」と声を漏らすことが連続した。

2

カープには苦手にするものが二つあった。一つはセ・パ交流戦であり、もう一つが巨人である。前監督の野村は、毎年それらに行く手を阻まれてきたのだが、二〇一六年の交流戦で勢いに乗った選手たちは、走力と神がかった打撃力で壁を越えていった。

六月十四日の交流戦の相手は西武ライオンズであった。首位にいたカープは九回二死一、二塁、赤松真人の中前打で二塁走者の菊池涼介が本塁に突っ込んだ。判定はタッチアウトだったが、緒方が猛然と抗議して、ビデオ判定に持ち込んだ。結果は、菊池が捕手に走路を妨害されたとして生還が認められ、一転して劇的なサヨナラ勝ちとなった。判定が覆ったのは、新ルールのコリジョン（衝突）ルールが適用されたためで、プロ野球史上初めてのことだった。

それから西武戦を三連勝で終え、次のオリックス戦で鈴木誠也が二試合連続サヨナラ本塁打を打って、緒方に「神ってる！」と言わせた。

もう一つ、鈴木の胸を打ったのは、八月七日の巨人戦である。巨人に連敗して、ゲーム差四・五まで追い上げられた三戦目、九回二死から菊池が同点ソロ、さらに新井がサヨナラ二塁打を放った。新井は二塁を回って拳を高く突き上げ、駆け寄った菊池と抱き合い、そこに選手たちが群がった。

――あれで踏ん張れたのだ。

それからチームは振り向くことなく、九月十日、苦手だった巨人を圧倒して優勝へと駆け込んだ。実に二十五年ぶりのリーグ優勝である。東京ドームのベンチで黒田と新井が抱き合い、クールな菊池が涙を流した。それは鈴木たちの夢だった。胴上げで宙に舞う緒方を見ていると、この四半世紀の労苦がすべて報われたような気がした。

三十三年前に東洋工業経理部から転職するや、前球団オーナーの松田耕平にフィットネスクラブの店長やドミニカ・カープアカデミー作りを指示されたこと、あまりのカープの不甲斐なさに、その耕平が試合後のロッカールームに怒鳴り込んできたこと、勝てなかったころに、マツダの同期社員たちが次々と出世したこと、球団再編騒動のとき、カープが消滅や大減収の危機にさらされたこと、そして黒田から「帰ります」と電話を受けたこと……。

カープに転職して助けてくれ、と頼んできた元には、「人生の半分だけ預けますわ」と告げていたが、鈴木はもう六十二歳になっていたから、半分以上も預けていることになる。

その元は優勝に沸く球場には来なかった。鈴木はしばらくして彼に電話を入れた。

「おめでとうございます」

「おお、良かったねえ」

喜びを抑えた短い会話だった。カープは翌年、阪神甲子園球場でリーグ連覇を果たし、二〇一八年にマツダスタジアムで三連覇したのだが、ベンチへ誘っても、元はやはり来なかった。照れ性で、球場で喜ぶ姿をメディアに撮られるより、友人や地元の経営者たちと静かに喜ぶ方が好きなのだ。

胴上げが終わると、ベンチで黒田や新井と握手した。二人には「先頭に立たなくてもよいから、皆を支え、押し上げる存在でいてほしい」と伝えていた。彼らが口にした「鈴木さん、おめでとうございます」という言葉は、あのままマツダにいたらけっして聞けなかった。ベンチの全員と抱き合って、緒方の笑顔を見た。熱くこみ上げるものがあり、瞳が潤んで声は湿った。

「ありがとう」と言うと、「何を言っとるんですか。まだ次がありますよ」と返してきた。

――こいつは冷静に、もう次を考えている。

珍しく鈴木の中に、はしゃぎたい気持ちが芽生えていた。優勝は監督と選手の手柄の世界だから、うちらの出る幕じゃない、と内心では思っていたのだが、緒方から「ビールかけには、裏方さんはもちろん、マツダスタジアムの整備責任者とか、チームの荷物を運ぶ運転手さんとか、お世話になった人はみんな入れてほしい」と頼まれていた。

——それなら俺も参加する。遠征先では選手バスに乗っているし、スタッフミーティングにも参加している。

鈴木はそう決め込んでいた。

祝賀会場は定宿の「品川プリンスホテル」の地下駐車場で、ゴーグルを付け、Tシャツ、綿パンに着替えて入った。黒田や新井、菊池らが次々と壇上に上り、

「まさかじゃない！」

選手会長の小窪が叫ぶと、ナインが、

「みたか！」

と呼応した。それが合図だった。鈴木は子供のように容赦なくビールをかけ回り、滝のように白い泡を浴びた。心から楽しいと思った。

妻や家族からメールが届く。簡単な返信をしたが、電話をしたのは翌日だ。彼はそのときに川を越えて、選手たちの岸辺にいた。広島の自宅に帰ったのは五日後である。妻と四人の子供が待ち構えていて、「イエーイ！」とハイタッチした。それが鈴木家の優勝の記憶だ。

十一月に入って、改めて優勝の意義をかみしめた。緒方や黒田ら約百人とともに、広島の平和大通りを三キロ、ゆっくりとパレードした。

そのとき、ファンの人々が親たちの遺影を家々から持ち出し、沿道高く掲げる光景を、彼は道のあちこちで見た。「ありがとう！」の声が波のようにうねっている。

一緒に耐えた四半世紀だったのだ。彼は気付いた。耐えた時間が長いほど、喜びは美しくあふれる。〈耐雪梅花麗〉という言葉が信じられるとも思った。

3

それから三年が過ぎた。

黒田は「新井がいますから、大丈夫ですよ」と言い残して、頂点の二〇一六年オフに引退した。元や鈴木は、黒田の背番号15を球団の永久欠番にして、彼の男気と日米通算二〇三勝に報いた。後を託された新井は若手とともに球団初のリーグ三連覇を果たし、それを置き土産に二〇一八年に現役を退いている。そして、緒方も監督五年目を終えた二〇一九年に、四連覇を逃した責任を取る形で辞任してしまった。

残ったのはサラリーマンの鈴木だった。彼らが果たせなかった日本一の夢を目指して、また石を運び始めなければならない。荷が重すぎるので、緒方にはこう話した。

「俺の席のところに座れよ」。ＧＭでも、役員でも、自らのポストを譲ってもいいと思っていた。

緒方は寡黙だから、記者たちには理解されなかった。だが、鈴木は彼が命を削って、監督業を続けていたことを知っている。ナイターの翌日も朝から来て、苦しそうな咳をしながらスコアラーと分析を重ねていた。この男はいつ寝るのか、倒れるのではないか、と考えていた。

二〇一九年は三番の丸佳浩が巨人にＦＡ移籍したうえ、選手の不調と故障、トラブルが相次いだ。精神的にも限界に近かったのだ。二位争いをしていた九月初旬に、「もう今年でやめますから」と言ってきた。

「何を言っとるんだ。シーズンが残ってるから我慢してくれ」

「いや、勝っても負けても、今度は辞めます」

二人は十二年前に同じようなやり取りを重ね、鈴木が強引に残留させている。それは新球場の完成を前にした二〇〇七年に緒方が故障し、「やめます」と言ってきたときのことだ。鈴木は、緒方復帰を信じるトレーナーのことを考えたことがあるのか、と説得して、とうとう引退を撤回させた。そして、新球場に立たせた。

すると、それを知ったカープのＯＢから、「鈴木さんはひどいことをした」と責められた。緒方は一度重大な決断をし、引退すると告げたのである。限界を感じ、満足な体ではグラウンドに出られないのに、あなたは選手の覚悟を無視して続けさせた、というのだ。鈴木にはその負い目があり、今度ばかりはとても撤回はさせられないと思った。

監督の辞任会見から約一か月後、鈴木は緒方の慰労会を二人だけで開いた。彼との二度目の食事だった。そのときに、二〇〇七年の慰留について聞いてみた。

「俺はひどいことをしたのか？」

「再び立つのはしんどかったですよ」

すっきりした顔を見て、少しだけ胸のつかえがとれたような気がした。それから、緒方に何らかの形でカープに関わらないか、と誘ったが、答えは変わらなかった。

「中途半端に仕事をすることができないので、難しいです」

カープ一筋に赤いユニホームを着続けたので、一度離れて外から野球や自分を見つめたいのであろう。彼のプロ野球人生も実に三十三年になるのだ。それでも、いつかは、と鈴木は思っている。

――彼はきっと野球に戻ってくる。

いまは新型コロナウイルス禍のために、野球界は先が見えない。加えてカープは丸やドーピング問題でサビエル・バティスタが抜けた後、主力投手たちの離脱が重なり、またも球団の危機だ。そんなときだからこそ、我慢をして石を運び続けなければならない。あるいは、黒田や新井が不意に「戻ります！」と言ってくるかもしれないのだ。


カープが佐々岡真司を新監督に迎えて約半月後、日本新聞協会が新聞広告大賞を黒田に贈った。そのことを伝えた記事に、一年前の興奮を重ね合わせた人は少なくない。

それは黒田が新井の引退記念として、二〇一八年十一月五日付の中国新聞朝刊に掲載した二ページの全面広告だった。表面に〈新井ブレーキ〉〈絶好球見逃す〉〈流れ変えた空振り〉と、彼のスランプとミスを伝える記事をちりばめ、裏面をめくると、赤一面の背景にイラストが描かれていた。新井はベースに仁王立ちしていて、「みたか」と両手を突き上げている。下には〈結局、新井は凄かった。〉とあった。

右下に小さく「広告主　黒田博樹」の文字とサインが添えられている。

去りゆく者にこんな粋なねぎらいのやり方があったのか、という声が改めて広がると、産経新聞の大阪版は、それで星野仙一を思い出した、と書いた。星野は阪神タイガース監督に就任して二年目にタイガースをリーグ優勝に導いた。その翌日のスポーツ紙五紙に、黒田と同じようにポケットマネーで、こんな広告を出したのだった。

〈昨日、球場に来られなかった人たちにもありがとう。応援感謝　星野仙一〉

タイガースの社長だった野崎勝義と艶子も、星野を忘れない夫婦である。野崎はタイガースを去ってから、関西国際大学の客員教授として「スポーツ産業論」を教えたり、ＮＨＫの近畿地方放送番組審議会副委員長を務めたりしながらも、古巣の体たらくが気になってしかたない。

あれから十四年も優勝がない。

球団首脳に嫌われつつ、さらに病気とも闘いながら、「タイガースが親会社の顔色を窺うような経営をしている限り、絶対に強くならない」と雑誌や新聞に寄稿してはファンの支持を集めている。彼は艶子に、

「カープは鈴木さんが三十年も苦労しているし、彼に一貫して任せているオーナーも偉いわ」

と話して聞かせ、阪神は球団収入が圧倒的に多いのに、広島のように優勝できん、悔しい限りや、と漏らした。するといつものように妻は言う。

「タイガースは、選手がタニマチやファンにチヤホヤされて、監督もビシッと指導できんもの。カープは監督も選手も一生懸命で、甲子園の高校野球を見てるみたいやから、気持ちがいい」

艶子はすっかり阪神を見限って、カープファンになってしまっている。彼女は夫のような理論派ではないが、わかっていることがある。

サラリーマンでも球団は変えられるということだ。

「お父さんも頑張ったもんな」というのである。

あとがき

企業社会で改革を試みると、敵を作らずに生きることはできない。

トヨタ自動車社長だった奥田碩《ひろし》氏は、「何も変えないことが最も悪いこと」と言い、こんな言葉を付け加えた。

「変わることをためらう人がいれば、私は『変革に加わらなくてもいいから、変革の邪魔はしないでくれ』と言っています」

特に革新的な仕事には多くの敵が待ち受けている。厄介なのは内部の敵で、改革の努力をすればするほど味方も現れるが、敵も増えていく。奥田氏は一九九五年の社長就任時に、何事も不可能だと諦めず、創造的アイデアによるブレークスルーを目指せ、と社員に声をかけたのだが、わざわざ「変革の邪魔はしないでくれ」と訴えざるを得なかったところに、前例やタブーに囚われた〝内なる敵〟への意識がある。

これは、奥田氏と同時代に、プロ野球の球団という特殊な会社で変革を志したサラリーマンたちの実話である。異世界での彼らは「フロント（front office）」という言葉とは裏腹に、球場地下の通称「穴倉」で働いたり、半地下の部屋から声を立てずにチームを見守ったりする黒子のような存在だから、球団史や球譜には残されていない。

主人公の一人である広島東洋カープの鈴木清明氏は、オーナーたちと選手育成の種を蒔き、私が知る限り、同業者の誰よりも我慢を続けたが、カープは二十四年間ずっと優勝することができなかった。もしも、球団が「優勝」という二文字だけのためにあるのならば、彼の四半世紀は報われることの少ないものだったというしかない。

けれども、二〇一六年にカープが優勝して、選手たちが平和大通りをパレードしたとき、ファンの人々が親たちの遺影を家々から持ち出し、沿道高く掲げる光景を、彼はあちこちで見た。「ありがとう!」の声が道を覆ったという。

長い雌伏のあとのそんな一瞬を書き残したいものだ、と私は考えた。それからカープはセ・リーグ三連覇を果たすのだが、翌年から彼は恥ずかしくてパレードを見る側に回ったという。口の重い人でもあるので、周りから事実を教えてもらったことも少なくない。例えば、黒田博樹投手の広島復帰である。黒田氏はこんなことを語っている。

「僕がメジャーからカープに復帰するか悩んでいた時、鈴木さんに相談すると、彼はこう言いました。『俺ならもちろんメジャーだよ』。本当は『カープに戻って来い』と言いたかったはずです。選手の気持ちを大切にし、常に本音で向き合ってもらい、僕はこの一言でカープ復帰を決断しました」

鈴木氏自身は「それだけではないでしょう」と控え目だが、永久欠番の野球人にこんなことを言ってもらえるサラリーマンは、めったにいないはずだ。

加えて私には十年来、疑問に思っていたことがあり、それが執筆を後押しした。それは、日本の球団で最初にメジャー流のベースボール・オペレーション・システム（ＢＯＳ）を開発したのは、阪神タイガースだという事実である。しかも、「ダメ虎」と呼ばれていた時期に、ひそかに構築されたという。

開発されたのならば、なぜ運用されていないのだろうか。

ＢＯＳは一義的には優秀な選手を発掘するためのもので、スカウトやコーチが視察した選手の個々の能力を数値評価して入力し、閲覧するシステムである。大リーグ球団はすべて導入していたから、日本の球団がシステムを独自構築しても不思議はないのだが、それが泥臭いおっさんイメージのタイガースで稼働した、というところが首をひねるところなのである。

例えていえば、家電不況のころにパナソニックが車を作ったような――いや、ライバル巨人の球団代表を務めていた私にとっては、もっと違和感のある、大げさに言えば、建設重機のコマツがこっそりＦ１カーを作ってしまったような話なのである。

私はそのころタイガースの球団社長だった野崎勝義氏の、猫背気味にひょこひょこと歩く姿を思い浮かべた。腰の低い人で、八つ年下の私に「大変でっしゃろ」と笑顔で話しかけてきたものだった。

この物語は、頭から離れなかったその疑問を数年かけて解いたものでもある。昨年十二月から週刊文春で連載し、それに加筆したが、阪神ＢＯＳについては、口を開いてくれる人があり、タイガース球団の関連文書にも次のような誇らしげな記述が残っていた。
〈米国でのスカウティングシステムを参考にして、選手情報がオンラインで入力、閲覧できるシステムを（多分、日本のプロ野球界では初めての試み）稼働させた〉
そして、それが野崎氏の組織改革の意欲から始まり、守旧派の強い抵抗を受けたことを知って、胸を衝かれた。彼と同様に本社から球団に出向した私も、同じような思いをしたことがある。彼のフロント改革と星野仙一監督のチーム改造で、阪神が万年Bクラスから脱したことは知っていたが、その裏でBOSを稼働させていたとは思いもよらないことだった。

彼らが開発したBOSがうまくいかなかったのは、このシステムが構築することよりも、スカウトに使わせ続けることが難しい代物だからである。これには日本独特の野球風土も関係している。

BOSを活用するには、まずスカウトやコーチに情報をシステム入力させる必要がある。数値化情報だけでなく、スカウト日報も毎日のように入力しなければならないから、仕事でパソコンを使うことのなかった人々には極めて苦痛だったことは言うまでもない。そして、この報告を毎日、GMクラスからチェックされ、叱咤激励されるのである。

これが広大な米国の球団なら、阪神BOSも必要不可欠なツールとして定着したことだろう。大リーグ球団のスカウトたちは全米中を飛び回り、膨大な数の選手たちを統一基準で評価する必要があるからだ。

ところが、狭い日本には、軟式の学童野球に始まり、硬式のリトルリーグや春夏の甲子園大会、大学やノンプロの大会もあって、スカウトたちが選手情報を正確につかむのは比較的容易なことなのである。「隠し玉」と呼ばれる未知の選手も昔はいたが、情報化社会の今は、広い野球のすそ野に指導者や野球通、マニア、それにスポーツ記者たちがあふれ、光る才能を隠すこと自体が難しい。複数のスカウトによって選手を視察する「ダブルチェック」も、日常的に繰り返されている。

「面倒なＢＯＳなど必要ない」「私たちの目を信じてくださいよ」という声が現場から出るのもよくわかる。

私は阪神より七年遅れて巨人にＢＯＳの導入を図ったが、目利きのスカウトやコーチたちが大騒ぎするだろうと初めから覚悟していた。それはスカウト世界に合理的な判断基準を持ち込み、球団と彼らとをつなぐコミュニケーションツールになるだけではない。ＧＭ側から言えば、スカウトたちのセクショナリズムを打ち破るものであっても、彼らからすれば職人の聖域を荒らし、管理しようという企てだったからである。

私よりはるかに先行した野崎氏の試みは、もっと大胆な賭けだったような気がする。しかも、彼は搦め手からではなく正面からぶつかったから、意外な結末が待っていた。一リーグ騒動や球界構造改革の嵐が吹き荒れているころである。

そして、野崎氏らが改革に心血を注いだ球団は、かつてのタイガースではなくなっている。阪神電鉄は二〇〇五年秋、村上世彰《よしあき》氏が率いる投資ファンドから、予期せぬ株買占めを受けて大混乱に陥った。野崎氏が指摘し続けた阪神グループのぬるま湯体質を突かれたのである。第一線から退いていた久万俊二郎氏は、「むざむざ村上氏に株を取られた経営陣は何をしていたのか」とカンカンに怒り、手塚昌利会長兼タイガースオーナーや西川恭爾電鉄社長の甘さを激しく非難した。そして、最後の〝久万節〟で週刊現代のインタビューにこう吠えてみせた。

「阪神を守るということに関しては、残念ながら現経営陣には策も気概もなかったということです。そういう後継者しか作れなかった責任は、もちろん私にもあります」（同年十一月十二日号）

阪神電鉄は翌年、ライバルだった阪急ホールディングスの助けを受ける形で経営統合を選択し、阪急阪神ホールディングスの子会社として再出発した。タイガースもその傘下企業の一つである。

手塚氏の後を継いだ宮崎恒彰タイガースオーナーは、そのとき球界に向けて、「球団経営は阪神電鉄が決定するとの内部合意書がある」と説明したが、この騒動の後から、再びタイガースの長期低落が始まっているのだ。

いまのタイガースは誰が動かし、誰が強くしようとしているのだろうか。野崎氏は時々、首を傾げる。

私はここ数年、何度となく彼に会って、息をつめるようにしてその証言を聞いた。彼が組織の何を改革して、何を成し遂げられなかったか、その評価は読者の方々にご判断いただくしかないが、出向するや十一年間、直線的に変革を志して敵を引き受けた彼のしぶとさに、私は改めて驚いた。サラリーマンは見かけじゃない。妙に老成して、痩せた背の野崎氏は端倪すべからざる人物だったのだろう。

ありていに書けば、文春の連載は十回程度ということでスタートしたのだが、編集部の竹田聖氏と児玉也市氏に励まされて二十三回も続けてしまった。「面白いですね」というのが彼らの常套句であることは後で知った。それは野崎、鈴木両氏や松田元氏らの人生に投げかけられた言葉だと受け止めている。

この三人のうち鈴木氏は球団常務だが、オーナー兼社長の松田氏を支える社長格の仕事師なので、書名は連載時と同じく『サラリーマン球団社長』を使った。本文中では敬称を省略させていただき、原則として実名を掲載した。取材や資料提供にご協力いただいた方々に深く御礼を申し上げるとともに、虎番や中国新聞のカープ番記者をはじめ、参考にさせていただいた記事執筆者に感謝の意を捧げたい。

二〇二〇年七月

清武英利

本書は「週刊文春」二〇一九年十二月十二日号から二〇二〇年五月二十八日号まで連載された「サラリーマン球団社長　阪神と広島を変えた男たち」に加筆・修正したものです。

清武英利（きよたけひでとし）

1950年宮崎県生まれ。立命館大学経済学部卒業後、75年に読売新聞社入社。社会部で警視庁、国税庁を担当し、2001年より中部本社社会部長。東京本社編集委員などを経て、04年8月に読売巨人軍球団代表兼編成本部長。11年11月、専務取締役球団代表兼GM・編成本部長・オーナー代行を解任され係争に。現在はノンフィクション作家。14年に『しんがり 山一證券 最後の12人』（講談社）で講談社ノンフィクション賞受賞、18年には『石つぶて 警視庁二課刑事の残したもの』（講談社）で大宅壮一ノンフィクション賞読者賞受賞。その他『トッカイ バブルの怪人を追いつめた男たち』（講談社）、『プライベートバンカー 完結版 節税攻防都市』（講談社＋α文庫）、『奪われざるもの SONY「リストラ部屋」で見た夢』（同）など著書多数。

サラリーマン球《きゅう》団《だん》社《しゃ》長《ちょう》

2020年8月30日　第1刷発行

著　者　清《きよ》武《たけ》英《ひで》利《とし》

発行者　新谷学

発行所　株式会社　文藝春秋

東京都千代田区紀尾井町3－23

電話　03（3265）1211

郵便番号102－8008

印刷所　精興社

製本所　加藤製本

定価はカバーに表示してあります。

万一、落丁乱丁の場合は送料当社負担でお取り替え致します。
小社製作部宛お送り下さい。

ISBN978-4-16-391251-6